Selbstliebe für Mamas

Wie du dir selbst

so viel Liebe schenken kannst

wie deinen Kindern.

Hannah Jenssen
1. Auflage
2022

Inhalt

Einleitung

Gerade bist du mit der Wäsche fertig und schon ist es passiert – der Kakao hat sich auf dem ganzen Tisch verteilt, die Schokocreme befindet sich nicht mehr auf dem Toastbrot, dafür aber quer auf dem weißen Shirt deines Kindes und im Hintergrund hörst du es aus dem Wohnzimmer bereits lauthals „Mama, Mama, Mama" in Dauerschleife rufen. Am liebsten würdest du dir die Finger in die Ohren stecken und laut „lalala" singen, um die penetranten Stimmen auszublenden.

Oder dein Teenie hat mal wieder die Stimme verschluckt und ist am Morgen kaum ansprechbar, nur um sich am Nachmittag darüber zu beschweren, dass du ihm nicht das Pausenbrot eingepackt hast, das er wollte. Es ist ja nicht so, als hättest du vorher nicht etwa zehnmal gefragt, was dein Teenie gerne essen möchte.

Sicherlich wirst auch du dich mit diesen oder ähnlichen Situationen identifizieren können. Du bist also nicht allein, denn fast jede Mama stand bereits einmal an dem Punkt, an dem sie am liebsten alles stehen und liegen gelassen und das Weite gesucht hätte.

Alles ausblenden? Alles stehen und liegen lassen und das Weite suchen? Wie kann man so etwas nur denken?

Die „Mom guilt" verliert keine Steilvorlage, um dich in die Rolle der bösen und undankbaren verantwortungslosen Mutter zu drängen. Kennst du sie? Die Schuldgefühle, die auftauchen, wenn du am liebsten heimlich die Haustür von außen zuziehen und davonrennen würdest? Die kleine gemeine Stimme, die dich davon abhält, die Momente, die du dir in dem hektischen und vollgestopften Alltag für dich freischaufelst, zu genießen? Es scheint sich um einen Teufelskreis zu handeln, aus dem du nicht mehr ausbrechen kannst.

Sobald du Zeit für dich hast, genießt du sie aufgrund der Schuldgefühle nicht. Das führt dazu, dass du nicht entspannen kannst und am Ende weiterhin angespannt bist, wenn du dich wieder mit deinen Kindern vereinst. Doch davon profitiert keiner der beiden Seiten.

Die Frage, auf die wir in diesem Fall den Fokus legen sollten, ist nicht die Frage, wie wir in diesen Momenten am besten reagieren sollten, sondern vielmehr, wieso wir überhaupt in solche Situationen kommen? Was bringt dich als Mama überhaupt so weit, dass sich derartige Gedanken in dein Gedankenmuster schleichen und dir das Gefühl geben, die schlechteste Mutter der Welt zu sein?

Du kannst deine Kinder unendlich lieben und dir trotzdem Zeit für dich nehmen.

Es ist dein Recht, dich ab und zu deinen Hobbys zu widmen, während sich Oma und Opa, Tante und Onkel oder ein Babysitter um deine Kinder kümmert.

Du darfst deinem kinderfreien Tag entgegenfiebern und die Tage zählen, bis du endlich mal allein sein kannst, ohne eine schlechte Mama zu sein.

Immer wieder sagen wir uns, dass wir unsere Kinder lieben, so als müssten wir uns vor irgendjemandem rechtfertigen, wenn wir einfach mal einen Moment für uns brauchen. Als würde es uns zu schlechten Müttern machen, wenn wir auch auf uns achten und uns mit Selbstliebe begegnen würden. „Egoistin, schlechte Mama, Rabenmutter" – an Beleidigungen, die wir uns selbst an den Kopf werfen, mangelt es uns auch nicht.

Es scheint, als würden wir all die Liebe, die wir in uns tragen, nur unseren Kindern schenken wollen. Doch die Liebe zu uns selbst drängen wir dabei in die hinterste und dunkelste Ecke und sperren sie hinter einer garantiert nicht aufbrechbaren Tür ein. Den Schlüssel, mit dem die Tür geöffnet werden kann, hältst du in deinen Händen. Die Liebe zu dir selbst ist der Schlüssel. Die Erkenntnis, dass du dir Zeit für dich nehmen darfst und die Liebe zu dir selbst wiedererkennen und immer mehr wachsen lassen darfst.

Denn ganz egal wie sehr du die kleine Stimme auch mundtot machen möchtest – ab und zu macht sie sich dennoch bemerkbar:

- Ich existiere auch noch.
- Ich habe es verdient, geliebt zu werden – in erster Linie von mir selbst.
- Ich kann meine Kinder und auch gleichzeitig mich selbst lieben. Ich muss meine Liebe nicht aufteilen, sondern es ist genug für alle da.

Diese kleine Stimme hat recht.

Mütter gehen viel zu hart mit sich selbst ins Gericht. Warum hast du den Drang danach, manchmal einfach zu gehen, wenn die Kinder wieder verrücktspielen, die Couch und den Tisch im Wohnzimmer in einen Freizeitpark verwandeln und das Bad einem Schwimmbad gleicht? Ganz einfach, weil du erschöpft bist. Du bist müde und du hast keine Energie mehr. Was du brauchst, ist ein Moment für dich. Es ist wichtig, dass sich Mütter um sich selbst kümmern.

Niemand kann ohne Pause und ohne Erholung immer weiter nach vorne gehen. Selbst Autos brauchen ab und zu wieder neues Benzin. Und auch das Konzept des Perpetuum Mobiles – des ewigen Kreislaufs – ist in der Realität so nicht umsetzbar. Wir haben keine unendlichen Reserven, mit denen wir unendlich so weitermachen können. Wir verlieren Energie, die wir ab und zu wieder aufladen müssen. Das ist nur logisch und völlig natürlich.

Doch das klappt nicht, wenn wir unsere kinderfreie Zeit mit Schuldgefühlen verbringen und uns somit nicht entspannen. In Bezug auf die Beziehung zu deinen Kindern spielt die Entspannung eine fundamentale Rolle. Kennst du es, wenn dein Nervenband so sehr gespannt ist, dass ein kleines Staubkorn ausreichen würde, um es zum Reißen zu bringen, wenn es zufällig auf dem Nervenband landen sollte?

In diesem Fall ist es normal, dass du aus einer Mücke einen Elefanten machst. Anders gestaltet es sich, wenn du entspannt bist und sich dabei auch dein Nervenband wieder entspannt. Entdeckst du erneut die Liebe zu dir selbst und gehst achtsamer mit dir um, wirst du merken, wie sich auch der Umgang mit deinen Kindern entspannt.

Aus genau diesen Gründen hilft dir dieses Buch dabei, herauszufinden, warum du so erschöpft bist und wieso es dir so schwerfällt, dich selbst zu lieben. Gleichzeitig erfährst du mehr über die Selbstliebe und die Achtsamkeit selbst und bekommst dabei hilfreiche Tipps an die Hand gelegt, die du einfach in deinen Alltag integrieren kannst.

Mamas – was wäre die Welt ohne Mamas?

Was würden wir ohne unsere Mütter tun? Mütter spielen im Leben eines Kindes eine fundamentale Rolle. Sie sorgen nicht nur für ihr körperliches Wohl, sondern auch für das physische Wohlbefinden und fungieren zudem auch als emotionale Stütze für ihre Kinder. Sie geben Küsschen, wenn sich die Kinder wehtun, boosten ihr Selbstbewusstsein, wenn der Junge aus der Nachbarklasse mal wieder gemein war und sie fragen am Ende eines Tages, wie der Tag war. Mütter sind unbezahlbar und kümmern sich bestens um ihre Kinder.

Doch das ist nur unter der Voraussetzung möglich, dass Mütter sich auch um ihr eigenes Wohlbefinden kümmern. Wie sieht es mit deinem physischen und psychischen Wohlbefinden aus? Wann hast du dich das letzte Mal wirklich liebevoll und intensiv um dich selbst gekümmert?

Was hindert dich daran? Was hält dich davon ab, dich mit der Leidenschaft um dich selbst zu kümmern, mit der du dich auch um deine Kinder kümmerst?

Die Antworten auf diese Fragen sind vielfältig und unterschiedlich. Sehen wir uns einmal an, was dir so viel Stress bereitet. Was setzt dich unter Druck?

Das Idealbild einer Mama

Eine Sache, die zu sehr viel Druck und Stress bei Müttern führt, ist die Tatsache, dass viele Mütter ein Idealbild vor ihrem inneren Auge haben, dem sie unbedingt entsprechen wollen. Sie wollen nicht nur ihren Kindern gerecht werden, sondern auch den Haushalt schmeißen, eine gute Ehefrau sein, sich vielleicht, wenn es irgendwie funktioniert, um sich selbst und um ihr eigenes Wohlbefinden kümmern und am besten auch noch Karriere machen.

Doch genau dieses Idealbild wird vielen Frauen zum Verhängnis. Das größte Problem bei diesem Idealbild liegt unter anderem an der Tatsache, dass es sich nicht um ein Bild handelt, das sich Frauen selbst in den Kopf setzen, sondern um eines, das die Gesellschaft den Frauen aufdrängt.

Es gibt einen Spruch, der die Schwierigkeit der Frauen in der heutigen Gesellschaft ziemlich passend beschreibt. Dieser Spruch lautet wie folgt:

„Die Gesellschaft verlangt von Frauen, dass sie arbeiten, als ob sie keine Kinder hätten und dass sie ihre Kinder zur selben Zeit so erziehen, als hätten sie keine Arbeit."

Klingt das nicht absurd? Wenn du dir diesen Spruch so durchliest und dir darüber bewusstwirst, was er eigentlich wirklich meint, wirst du merken, wie viel Stress und Druck und wie viele unrealistische Erwartungen auf dir lasten. Bislang hat noch niemand eine Zeitmaschine erfunden, die es ermöglichen würde, der Rolle der Mutter und der selbstständigen Karrierefrau auf dieselbe Weise gerecht zu werden.

Auf der einen Seite befindet sich das Bild der ständig anwesenden Mama, die sich rund um die Uhr um ihre Kinder kümmert. Sie ist immer da, hat immer ein offenes Ohr, lässt alles stehen und liegen, wenn die Kinder Hilfe brauchen und sorgt dafür, dass die Kinder immer jemanden zum Reden und zum Spielen sowie immer etwas Leckeres und zugleich Gesundes zu essen haben. Die ideale Mutter hat neben den Kindern und dem Haushalt keine weiteren Prioritäten und ist somit stets darauf bedacht, ihr Leben ganz nach dem Wohl ihrer Kinder auszurichten.

Auf der anderen Seite befindet sich das Bild der erfolgreichen Karrierefrau, die sich selbstständig um ihr Einkommen kümmert und sich somit nicht in die Abhängigkeit eines Partners begibt. Sie arbeitet an ihrer Karriere und klettert im besten Fall auf der Karriereleiter immer weiter nach oben.

Diese beiden Seiten hören sich bereits sehr anstrengend an, wenn du sie dir einzeln ansiehst. Nahezu unmöglich scheint es allerdings zu werden, wenn du versuchst, dir vorzustellen, diese beiden Sichtweisen und Anforderungen miteinander zu verbinden, ohne dem damit verbundenen Stress, dem Druck und dem Chaos zu erliegen.

Wichtig ist, dass du dir in erster Linie darüber bewusstwirst, dass dein Leben dein Leben ist. Du und deine Familie entscheidet gemeinsam, welches Modell für euch passt, ohne euch dabei an den Erwartungen der Gesellschaft zu orientieren. Eine weitere Sache, die du dir in diesem Zusammenhang vor Augen führen solltest, ist die Tatsache, dass gewisse Menschen immer über andere Menschen reden werden und somit auch immer einen Grund finden werden, um die Aussage rechtfertigen zu können, dass du deine Arbeit oder deine Kinder vernachlässigst. Genau aus diesem Grund ist es wichtig, dass du dich von diesen Gedanken und unrealistischen Anforderungen löst und dich auf dein eigenes Leben konzentrierst.

Papas sind auf einmal Superhelden, wenn sie mit dem Baby im Tragetuch Einkaufen fahren und die Kinder vor der Arbeit in die Schule oder in den Kindergarten bringen, während die Gesellschaft all diese Dinge als selbstverständliche Pflicht einer Frau und Mutter ansieht. Ein Wort, das in diesem Zusammenhang für viele Frauen ein Dorn im Auge darstellt, ist das Wort „helfen". Immer wieder stoßen Mütter auf die Aussage, wie toll es doch sei, wenn der Partner bei der Kindererziehung und im Haushalt hilft. Doch das Wort „helfen" ist an dieser Stelle alles andere als angebracht. Väter sind genauso für die Kinder und für den Haushalt verantwortlich wie Frauen. Schließlich leben sie ebenfalls in diesem Haushalt und sind ebenso ein Elternteil der Kinder.

Dennoch scheint oft alles, was Väter machen, in den Himmel gelobt zu werden, während all diese Dinge von Frauen verlangt und vorausgesetzt werden – und das unabhängig davon, ob sie beruflich genauso eingespannt sind wie die Väter. Das führt zu einem sehr unrealistischen Idealbild der Frau und Mutter, welches viele Mütter unter Druck setzt.

Bestimmt hast du dich selbst auch schon dabei erwischt, traurig, enttäuscht oder gar beschämt darüber gewesen zu sein, dem Idealbild nicht zu entsprechen. Mit Sicherheit hast du dich auch schon oft klein gemacht und gedacht, nicht genug zu sein. Doch warum hat dieses Idealbild der Mutter so einen großen Einfluss auf uns? Wieso legen wir einen so großen Wert darauf, was die Gesellschaft von uns denkt? Was ist es genau, was uns so unter Druck setzt? Natürlich haben wir immer wieder das Idealbild der Mutter und der Karrierefrau vor unseren Augen, doch das Idealbild allein sorgt nicht für den Stress und für den Druck, den Mütter immer wieder verspüren.

Es ist eine Sache, dass dieses Idealbild existiert. Bedrohlich für die eigene mentale Gesundheit wird es jedoch erst dann, wenn wir es zulassen. Leider ist es nicht einfach, diesem Idealbild zu widerstehen und sich immer wieder mit ihm zu vergleichen.

Es liegt bereits in der Natur des Menschen, sich immer wieder mit seinen Mitmenschen zu messen. Doch vor allem, wenn es um die Mutterrolle geht, bei der Frauen am liebsten alles richtig machen wollen, vergleichen sie sich mit unrealistischen Anforderungen, die nicht nur von der Gesellschaft kommen, sondern die sie sich mitunter auch selbst stellen.

Deine eigenen Erwartungen an dich selbst

Wie oft passiert es dir, dass du abends im Bett liegst und einfach nicht einschlafen kannst, weil deine Gedanken und deine Selbstzweifel sowie Selbstvorwürfe einfach nicht ihren Mund halten wollen? Wie lange drehst du dich in deinem Bett hin und her, weil dich deine Gedanken immer wieder darauf hinweisen, was du alles besser machen könntest und was du alles nicht richtig machst?

Diese Gedanken, Fragen und Zweifel stellen einen festen Bestandteil deines Lebens dar und machen es dir somit nicht leicht, dein Leben zu genießen. Für jedes schöne Ereignis, das du an einem Tag erlebst hast, scheinen sich mindestens 5 negative Dinge freiwillig zu Wort zu melden und sich in dein Ohr zu setzen, um dir das Leben so schwer wie möglich zu gestalten.

Dass diese Gedanken, Zweifel und Fragen eine so große Macht über dich haben und so viel Stress und Druck mit sich bringen, liegt an der Tatsache, dass du selbst viel zu hohe Anforderungen an dich stellst.

Selbst wenn du dir vielleicht nicht bewusst darüber sein solltest, rennst du möglicherweise unterbewusst diesem oben beschriebenen Idealbild der Mutter und Karrierefrau hinterher und bist am Ende enttäuscht, wenn du diesen Anforderungen nicht entsprechen kannst.

Du möchtest perfekt sein. Du willst in allen Bereichen deines Lebens Erfolg haben und nichts und niemanden vernachlässigen. Währenddessen vernachlässigst du jedoch die Person, die in deinem Leben an erster Stelle stehen sollte – dich selbst. Du schiebst dich und deine Bedürfnisse an die letzte Stelle auf deiner Prioritätenliste und denkst dir, dass du damit irgendjemandem einen Gefallen tust.

Doch wie willst du für deine Kinder, deinen Job und deinen Partner da sein, wenn du dich selbst verlierst?

Löse dich von diesem Perfektionismus. Kein Mensch ist perfekt und kein Leben ist perfekt. Jede Familie lebt ihr Leben so, wie es am besten für sie passt und es gibt keine Regeln, die ganz genau bestimmen, wie ein perfektes Leben auszusehen hat.

Klebe der Mom-Guilt das Klebeband auf den Mund schicke ihr die Kündigung. Sie hat sich heimlich in dein Leben eingeschlichen und als Untermieter in deinem Leben festgehangen. Du hast keinen Platz für diese Mom-Guilt. Schicke ihr aus diesem Grund die fristlose Kündigung und löse dich von dieser Last.

Denn die Mom-Guilt ist nicht rational und basiert somit nicht auf logischen Gründen. Sobald sie eine Chance sieht, dich anzugreifen, schlägt sie gnadenlos zu.

Du bist auf der Arbeit und machst ein paar Überstunden, um so etwas mehr Geld in die Haushaltskasse zu holen und deinen Kindern den Ausflug zu ermöglichen, den sie sich schon so lange wünschen? – Was bist du bitte für eine Rabenmutter, so lang im Büro zu sein, anstatt zu Hause bei deinen Kindern?

Du machst die Überstunden nicht, um mehr Zeit mit deinen Kindern verbringen zu können, auch wenn das heißt, dass der Ausflug noch eine unbestimmte Zeit warten muss? – Super! Du kannst deinen Kindern nicht einmal einen ihrer größten Wünsche erfüllen!

Kommen dir diese Gedanken bekannt vor? Hast du auch schon Bekanntschaft mit ihnen machen dürfen? Hat sich die Mom-Guilt auch als nerviger und ungewollter Untermieter in dein Leben geschlichen? Wie du siehst, kannst du es nur falsch machen, weil deine eigenen Anforderungen an dich selbst so hoch und unrealistisch sind, dass du gar nicht die richtige Entscheidung treffen kannst.

Wann hast du dir das letzte Mal die Frage danach gestellt, was du selbst für dich möchtest? Wann hast du dich das letzte Mal mit deinen wirklichen Wünschen und Bedürfnissen auseinandergesetzt? Weißt du überhaupt noch, wer du bist?

Es ist vollkommen normal, dass sich Mütter mit der Geburt ihrer Kinder erst einmal voll und ganz auf die Kinder konzentrieren und sich mit ihren eigenen Wünschen und Bedürfnissen hintenanstellen.

Was dir dabei jedoch bewusst sein sollte, ist, dass es sich dabei nicht um eine One-Way-Road ohne Rückweg handelt, sondern, dass du auf der Straße deines persönlichen Glücks lediglich eine Abbiegung genommen hast. Du bist einen Umweg gegangen, den du gerne gehst. Schließlich sind Babys und Kleinkinder voll und ganz von ihren Eltern abhängig. Doch Kinder werden größer und selbstständiger. Kinder nehmen sich ihre Eltern als Vorbild und orientieren sich an ihnen.

Gib deinen Kindern nicht das Bild einer Mutter, die sich selbst aufgibt, um es allen anderen um sich herum rechtmachen zu wollen. Gib deinen Kindern vielmehr das Bild einer Mutter, die weiß, was sie will, die für ihre Kinder und für sich selbst da ist, die weiß, wo ihre Prioritäten liegen und wann sie Grenzen setzen muss.

Genau aus diesem Grund hältst du dieses Buch in deinen Händen. Indem du die Liebe zu dir selbst neu entfachst und das Feuer der Leidenschaft, das für dich selbst in dir lodern sollte, am Leben hältst, kannst du dich selbst viel besser kennenlernen, deine Prioritäten richtig setzen und zu der Einstellung gelangen, dass es dir egal ist, welche Anforderungen die Gesellschaft an dich stellt oder mit welchen unrealistischen Anforderungen du dich selbst bislang immer unter Druck gesetzt hast.

Die Erwartungen von außen

Wie du weiter oben bereits lesen konntest, spielt die Gesellschaft eine nicht zu unterschätzende Rolle, wenn es um den Druck und den Stress geht, mit dem viele Mütter heutzutage zu kämpfen haben.

Natürlich geht es nicht darum, einen Schuldigen zu finden und der Gesellschaft allein den schwarzen Peter zuzuschieben. Denn im Grunde genommen könntest du auch einfach mit der Einstellung an die Anforderungen herangehen, dass es dir herzlich egal ist, was Frau X und Herr Y von dir als Frau und Mutter erwarten. Doch das ist nicht leicht. Du wirst jedoch feststellen, dass es dir, wenn du dir die Anregungen aus diesem Buch zu Herzen nimmst, leichter fallen wird, mehr auf dich und deine Familie zu achten, ohne dich immer wieder mit den Anforderungen der Gesellschaft zu vergleichen.

Doch um welche Anforderungen handelt es sich? Die Antwort auf diese Frage kann unterschiedlich ausfallen. Denn in der Gesellschaft leben sehr viele Menschen, die eine jeweils andere Meinung haben und der Angelegenheit „Erziehung und Arbeit" somit auch jeweils anders gegenüberstehen.

Ein großes Problem vieler Menschen besteht darin, dass jeder meint, das Recht zu besitzen, sich in das Leben der anderen einmischen zu können. Natürlich geschieht das oft nach dem Motto „Gut gemeint", doch wie der bekannte Spruch so schön sagt, ist gut gemeint nicht immer gut gemacht.

Es fängt bereits in der Schwangerschaft an:

- Das Baby wird doch aber nicht etwa mit bei euch im Bett schlafen?
- Was? Ihr verbannt euer Baby direkt in sein eigenes Zimmer?
- Du willst dann aber schon wieder arbeiten gehen, oder?
- Echt? Du gibst dein Kind wirklich in Fremdbetreuung?
- Also ich habe gehört, dass das Tragen im Tragetuch nicht gut ist.
- Was? Dein Kind soll immer im Kinderwagen liegen?
- Wie bitte? Dein Partner geht in Elternzeit?
- Warum geht dein Partner nicht in Elternzeit, damit du wieder arbeiten gehen kannst?
- Ich an deiner Stelle würde mindestens drei Jahre zu Hause bleiben.
- Also, wenn du nicht direkt nach einiger Zeit wieder arbeiten gehst, wirst du dich nie wieder in den Arbeitsmarkt einfinden – so schnell, wie der sich entwickelt.
- etc.

Die Liste dieser Aussagen könnte noch ewig weitergeführt werden und mit Sicherheit bist du bereits mit einigen der genannten Aussagen in Kontakt gekommen oder könntest die Liste mit weiteren Aussagen ergänzen.

Dazu gesellen sich weitere Umstände, die einen enormen Druck auf dich ausüben, sofern du das zulässt. Es geht auch hier nicht darum, dir den schwarzen Peter in die Schuhe zu schieben. Für viele Menschen stellt es in der heutigen Gesellschaft eine sehr große Herausforderung dar, dem Druck, dem Stress und den Anforderungen Stand zu halten und sich nicht von ihnen dazu hinreißen zu lassen, sich klein zu machen und immer wieder zu vergleichen.

Der Druck durch andere Eltern

Eine sehr erschreckende Tatsache, auf die viele Menschen immer öfter hinweisen, besteht darin, dass vor allem unter den Eltern selbst, sehr viel Druck herrscht und vor allem bei Müttern das Konkurrenzdenken sehr weit verbreitet ist.

Vielleicht bist du auch schon bereits auf den Begriff des „Mom-Bashings“ gestoßen oder hast selbst auch schon Erfahrungen diesbezüglich sammeln müssen. Viele Mütter wollen sich untereinander messen und vergleichen somit nicht nur sich selbst mit anderen Müttern, sondern gehen sogar so weit, dass sie auch die Kinder untereinander vergleichen.

Wenn das eine Kind schneller laufen gelernt hat als das andere, brüsten sie sich mit diesem Erfolg und wenn ein Kind etwas später spricht als ein anderes, dann ist das Kind, das früher sprechen kann, besser und intelligenter und mit dem anderen stimmt etwas nicht.

Diese Vergleiche und dieses Mom-Bashing führen dazu, dass sich in vielen Müttern ein Gefühl des Versagens ausbreitet. Sie denken, dass sie nicht gut genug seien und mehr machen müssten, um so zu sein wie andere Eltern.

Was viele dabei jedoch vergessen, ist, dass Menschen, die sich großmachen müssen, indem sie immer wieder darauf hinweisen, wie gut sie und ihre Kinder doch seien, nur die augenscheinlich guten Seiten ihres Lebens teilen. Wie du mit Sicherheit weißt, handelt es sich bei Social Media um alles andere als um die Realität. Dennoch verbringen Menschen sehr viel Zeit auf diesen sozialen Medien und teilen auf ihnen nur die schönsten Momentaufnahmen aus ihrem Leben.

Und genau als diese solltest du sie auch sehen – als Momentaufnahmen, die schlicht und ergreifend einen Moment festhalten und bei weitem nicht die gesamte Realität aufzeigen. Lasse dich nicht von augenscheinlich perfekten Familien unter Druck setzen und vergleiche dich nicht mit ihnen. Jeder hat mal einen schlechten Tag und vor allem ist keine Familie perfekt.

Lasse dich nicht auf Vergleiche ein und gib dem Mom-Bashing keinen Platz in deinem Leben. Die Energie, die du dafür aufbringst, dich mit anderen Müttern zu messen, kannst du sehr viel besser nutzen, indem du dich um dich selbst und um deine Familie kümmerst. Nutze die Energie und tu dir selbst etwas Gutes. Du musst dich vor niemandem rechtfertigen und solltest dir immer wieder vor Augen führen, dass jedes Kind gut ist, wie es ist. Jedes Kind entwickelt sich in seinem eigenen Tempo. Diese Einstellung stellt eines der besten Schutzschilder dar, die du dir, gemeinsam mit der Selbstliebe zu dir selbst in Bezug auf das Mom-Bashing und auch weitere Anforderungen und

Meinungen aus der Gesellschaft, vor den Körper halten kannst.

Das moderne Bild der Frau

Immer wieder ist die Rede davon, dass die Gesellschaft von modernen Frauen in der heutigen Zeit verlangt, dass sie schnell wieder arbeiten gehen und Karriere machen, anstatt sich nur damit zufriedenzugeben, zu Hause zu sein und sich um die Erziehung der Kinder zu kümmern.

In diesem Zusammenhang muss gesagt werden, dass jede Familie das Recht besitzt, sich ganz individuell mit den persönlichen Wünschen und Bedürfnissen zu beschäftigen, um für sich ein Modell zu finden, mit dem sich alle Beteiligten wohlfühlen.

Das kann bedeuten, dass:

- beide Elternteile Teilzeit arbeiten.
- ein Elternteil zu Hause bleibt und der andere arbeitet.
- beide Elternteile Vollzeit arbeiten und die Kinder fremdbetreut werden.

Was auch immer für dich und deine Familie funktioniert, ist super. Doch wie schon gesagt, kursiert in der heutigen Gesellschaft das Extrem der Mutter, die für ihre Kinder da ist und zu derselben Zeit eine Karriere verfolgt, während sie genug Zeit findet, um sich mit ihren Hobbys zu beschäftigen, um auch ja immer ausgeglichen und gut gelaunt zu sein.

Das andere Extrem sind unter anderem Ansichten, die darauf beharren, dass Frauen, die sich um sich selbst kümmern und die Dreistigkeit besitzen, sich einfach mal selbst an die erste Stelle zu setzen, schlechte Mütter seien. Es herrscht die Annahme, solche Mütter würden ihre Kinder vernachlässigen und nur an sich selbst denken.

Einige Menschen bewerten Mütter, die sich Zeit für sich nehmen und vielleicht etwas mehr arbeiten, weil sie einen bestimmten Lifestyle haben. Es fallen Aussagen, wie „Da muss man halt ein bisschen zurückstecken!“ oder „Für Kinder muss man auch bereit sein, Opfer zu bringen!“.

Niemand sagt, dass nicht nahezu jede Mutter dazu bereit ist, alles in ihrer Macht Stehende zu tun, um ihren Kindern ein schönes Leben zu ermöglichen. Doch es kann einer Mutter auch nicht verboten werden, sich selbst ein schönes Leben zu ermöglichen. Wie können Kinder ein schönes Leben führen, wenn ihre Mütter unglücklich sind? Kinder spüren oft viel mehr als wir Erwachsene glauben. Wenn ihre Mütter also traurig, ausgelaugt, unausgeglichen und unglücklich sind, wird das gewiss nicht auf Dauer an ihnen vorbeigehen.

Oft geschieht es gar nicht aus der Boshaftigkeit heraus, dennoch kommt es sehr oft vor, dass dich Menschen, sobald du ein Kind hast, nicht mehr als die Person sehen, die du bist, sondern dich rein über die Tatsache definieren, dass du „Mama“ bist. Und den Begriff „Mama“ sowie das Bild der idealen Mama fasst eben jeder Mensch anders auf.

Du merkst, wie einfach es der Gesellschaft fällt, andere Menschen in Schubladen zu stecken, zu bewerten und sogar zu verurteilen. Wie du es machst, machst du es eben falsch!

Ist es wirklich verantwortungslos, wenn du dich um dich und dein Wohlbefinden kümmerst? Ist es wirklich so schlimm, wenn du dir ein bisschen Zeit für dich nimmst und nicht ständig auf der Matte stehst, wenn deine Kinder mal nach dir rufen?

Ja – du bist Mama.

Ja – du bist für deine Kinder verantwortlich.

Nein – du solltest deine Kinder nicht sich selbst überlassen.

Aber du bist auch nicht als 24-Stunden-Entertainer gebucht und musst somit nicht 7 Tage die Woche für den Spaß deiner Kinder sorgen.

Für dich ist wichtig, zu erkennen, dass du nicht nur Verantwortung für deine Kinder und ihr Wohlbefinden, sondern auch für dich und dein eigenes Wohlbefinden trägst. Kümmere dich um dich selbst und erkenne, dass die Meinungen der Gesellschaft und die Anforderungen, die sie an dich stellt, kein Gewicht haben. Das, was wirklich zählt, sind deine Anforderungen an dich selbst und dein Familienleben.

Fakt ist, dass die Gesellschaft sehr unterschiedliche Ansichten hat und diesbezüglich auch viele verschiedene Anforderungen stellt.

Du kannst nicht alle zufriedenstellen und der Sinn und Zweck deines Lebens sollte auch auf keinen Fall darin bestehen, es anderen Menschen rechtzumachen. In deinem Leben und in deiner Familie ist es in allererster

Linie wichtig, dass du gemeinsam mit deinem Partner und deinen Kindern ein System findest, das für euch passt und mit dem ihr euch als Familiengefüge wohlfühlt – unabhängig davon, was andere Menschen aus der Gesellschaft darüber denken oder dazu sagen.

Warum es so schön ist, Mama zu sein

Manchmal würdest du am liebsten die Tür von außen zuziehen und verschwinden. Oder du wünschst dir einen Zauberstab, mit dem du dich einfach wegzaubern könntest. Ab und an spielst du mit dem Gedanken, mit dem Auto einfach irgendwo zu parken und die Ruhe zu genießen und deinem Partner – der zu Hause mit den Kindern zu tun hat – zu sagen, dass du leider im Stau stehst und nicht weißt, wann du nach Hause kommst. An einigen Tagen wird das Einkaufen alleine im Supermarkt zum Wellnessurlaub und das Auf- und Abhängen der Wäsche zum Moment der Stille und Entspannung.

Mama zu sein bringt viele Frauen an ihre Grenzen. Kinder testen Grenzen schamlos aus und scheinen dafür gemacht zu sein, so lange auf den bereits gespannten Nervenbändern zu springen und sie so sehr zu penetrieren, dass sie gar nicht anders können, als zu reißen.

Kinder triggern uns und sie halten uns gnadenlos den Spiegel vor die Augen. Sie rufen durch ihr Verhalten in uns Erinnerungen hoch, die wir vielleicht selbst in der Kindheit gemacht haben und sie leben die Gefühle, die wir unterdrücken wollen oder glauben unterdrücken zu müssen, volle Kanne aus.

Wutanfälle, Schreikrämpfe, Wäscheberge, eine immer schmutzige und chaotische Wohnung, Stress und

Schlafmangel – all das mag den Alltag einer Mutter prägen. Doch, hast du dir schon einmal vorgestellt, wie es wäre, wenn all das nicht mehr da wäre?

Hast auch du dich dabei erwischt, wie du es nach dem Einkauf alleine nicht abwarten konntest, endlich deine ‚Kinder in den Arm zu nehmen? Ertappst du dich auch dabei, wie du die kleinen Händchen, die nach dir greifen und die schrillen Stimmen, die zum hundertsten Mal „Mama" rufen, vermisst hast, wenn du nach einem langen Tag auf der Arbeit nach Hause kommst.

Mama zu sein, ist nicht einfach. Die Rolle der Mama zu leben und den eigenen Herausforderungen gerecht zu werden, geht mit viel Kraft und Energieaufwand einher. Und dennoch sind die Rolle der Mama und die Erfahrungen, die mit ihr einhergehen, unbezahlbar. Mama zu sein ist wunderschön. Auf der einen Seite magst du unzählige Berufe auf einmal ausüben und bist für das, was du täglich leistest, vollkommen unterbezahlt. Doch das, was du von den Kindern in der Form von Liebe, Zuwendung, Geborgenheit, Freude und Spaß erhältst, ist unbezahlbar und steht in keinem Verhältnis zu den schlaflosen Nächten, die unzähligen Versuche, die Spuren dieser besagten schlaflosen Nacht mit dem vollkommen überteuerten Concealer beseitigen zu wollen, den anstrengenden Wutanfällen und den nie kleiner werdenden Wäschebergen.

Denn, so müde, ausgelaugt und k.o. eine Mama auch sein mag – wenn das Kind abends im Bett liegt und friedlich schläft, verweilt sie für einen Moment und fragt sich, wie sie so viel Liebe, wie sie für das Kind empfindet, überhaupt in sich spüren kann, ohne dass das Herz vor Liebe platzt. So anstrengend das Dasein als Mama auch sein mag – wenn das Kind nach einer Umarmung fragt, mit den Händchen nach deiner Hand greift und dich anlächelt, strahlen deine Augen und du kannst dir nichts Schöneres vorstellen, als die Mama dieses wundervollen Kindes zu sein.

Kinder geben dir so viel. Warum ist es für dich so schön, Mama zu sein? Woran denkst du, wenn du an deine Rolle als Mutter denkst und wenn du Zeit mit deinen Kindern verbringst? Was ist es, was dein Leben so wunderschön und lebenswert macht?

Jede Mama hat ihre ganz eigene Antwort auf diese Frage und kann somit in eigenen Worten wiedergeben, warum es für sie so schön ist, Mama zu sein.

Doch, da das Leben nicht immer nur ein Ponyhof ist und nicht immer die Sonne scheinen kann, kommt es durchaus zu Situationen, in denen diese Gründe in den Hintergrund geraten. Wenn das Kind zum Beispiel Fäuste schlagend auf dem Boden des Supermarktes liegt oder mit den neuen Schuhen in die Pfütze springt, obwohl du die Gummistiefel bereits in den Händen hältst, wird dein erster Gedanke nicht zu den vielen schönen Aspekten gehen, die das Dasein als Mama mit sich bringt.

Aus diesem Grund bekommst du hier einmal einen Überblick über all die Gründe, die dafürsprechen, dass das Dasein als Mama einer der schönsten Dinge auf der ganzen Welt ist.

Eine vollkommen neue Lebensweise

Vielleicht kannst du dich noch an deine Tage als Teenager zurückerinnern. Wie oft kam der Satz „Das wirst du selbst verstehen, wenn du einmal Kinder hast!“ aus den Mündern deiner Eltern und wie oft hast du dir dabei gedacht, dass es sich bei diesem Satz einfach nur um eine Floskel handelt, die Eltern in den Mund nehmen, wenn sie nicht mehr wissen, was sie sonst sagen sollen?

Jetzt, da du selbst Mutter bist, kannst du jedoch genau verstehen, was dir deine Eltern damals mit diesem Satz zu sagen versuchten. Vermutlich wirst auch du eines Tages selbst vor deinem Kind stehen und es mit diesem Satz konfrontieren.

Diese neue Einsicht und der neue Blickwinkel, aus welchem du als Mutter auf das Leben siehst, gibt dir eine vollkommen neue Lebensweise. Du verstehst deine Eltern besser und kannst die Welt nun aus den Augen eines Elternteils sehen. Zudem kannst du dich selbst noch einmal neu erleben und dein inneres Kind beim Spielen, beim gemeinsamen Singen oder beim Ansehen von animierten Filmen freilassen.

Kinder helfen dabei, den Blick für die kleinen Dinge wiederzuentdecken

Es war schon einmal die Rede von der Achtsamkeit und von der Tatsache, dass das heutige Leben in der Gesellschaft von Schnelllebigkeit und Stress geprägt ist. Wie oft nimmst du dir auf dem Weg zum Supermarkt oder zur Arbeit Zeit, um dich einmal genauer umzusehen? Wie oft nimmst du die Blumen um dich herum wahr? Wie oft bemerkst du die verschiedenen Formen, die die Wolken am Himmelszelt formen?

Kinder bemerken die kleinsten Dinge sofort. Mitten auf dem Weg zum Supermarkt oder zum Kindergarten sehen sie einen besonders schön geformten Stein oder wollen die Blume betrachten, die endlich ihre Blüten geöffnet hat.

In dem großen Gesamtbild, in welchem du mit deinen Kindern lebst, sehen Kinder die kleinen Details. Sie haben einen Blick für die kleinsten, dafür aber auch die schönsten Dinge und helfen dir – sofern du dich natürlich darauf einlässt – diesen Blickwinkel auch in dir wiederzuentdecken.

Versuche einmal, nicht mehr so zu drängeln und vielleicht einfach mit viel Zeit loszugehen, um dich auf diese kleinen und wunderschönen Dinge einlassen zu können. Knie dich mit deinem Kind auf den Boden, wenn es die Ameisen dabei betrachtet, wie sie die Reste des Brötchens in ihren Bau tragen und schnuppere an der Blume, die sich ihren

Weg durch den Asphalt gebahnt hat. Aktiviere erneut deinen Blickwinkel für die kleinen Dinge.

Kinder rufen mehr Positivität in dir hervor

Hast du dich einmal selbst dabei beobachtet, wie du auf unterschiedliche Dinge im Alltag reagierst? Was machst du, wenn es regnet oder wenn der Bus mal wieder zu spät kommt?

Vielleicht kommt es auf deine Laune an, doch in den meisten Fällen haben Erwachsene – vor allem gestresste Mütter – die Angewohnheit, mit einer negativen Sichtweise an diese Umstände heranzugehen.

Denke nur einmal daran, wie du reagierst, wenn es regnet. Eigentlich wolltest du gerade los und hattest dich auf den Wetterbericht verlassen, der strahlenden Sonnenschein angesagt hatte. Aber der Blick aus dem Fenster belehrt dich eines Besseren und zeigt dir durch die graue Wolkendecke und die dicken Tropfen, die vom Himmel fallen, ganz klar und deutlich, dass der Wetterbericht dieses Mal nicht ins Schwarze getroffen hat.

Stattdessen beschreibt „schwarz" den Zustand des Himmels sehr gut, denn die dunkelgrauen Wolken sind fast schwarz.

Dir entfährt natürlich ein „Oh nein, es regnet schon wieder!" und du regst dich über den Zustand, den du eh nicht ändern kannst, auf. Währenddessen sucht dein Kind bereits eifrig nach seinen Gummistiefeln, da Regen für dein

Kind bedeutet, dass sich Pfützen bilden. Und Pfützen laden förmlich dazu ein, in sie hineinzuspringen und Spaß zu haben.

Merkst du, wie unterschiedlich die Sichtweisen jeweils sind? Fallen dir vielleicht noch andere Situationen ein, in welchen du negativ an eine Situation herangetreten bist, während dein Kind den positiven Aspekt gesucht und erfolgreich gefunden hat?

Nun heißt das natürlich auf keinen Fall, dass Kinder die Pragmatik in Person sind und immer positiv an unerfreuliche Situationen herangehen. So kann ein nicht vorhandener Lieblingspudding im Supermarkt oder ein ausverkaufter Lolli durchaus einen einstündigen Wutanfall provozieren und zu dicken Tränen führen.

Doch alles in allem, gehen Kinder recht positiv an das Leben heran und versuchen, immer das Beste aus einer Situation zu machen. Kinder haben von Natur aus einen Entdeckerinstinkt und finden somit auch in Alltagsgegenständen, wie dem Kochlöffel und dem Kochtopf oder alten Bettlaken, aus denen sie eine Höhle bauen können, ihren Spaß.

Sie freuen sich über Pfützen, verspätete Busse und die Möglichkeit, während der Wartezeit mit dem Finger Bilder an die Glasscheibe der Haltestation zu malen und sie freuen sich einfach nur über die Ansagen am Bahnhof, die zum wiederholten Male auf die Verspätung des Zuges aufmerksam machen und versuchen, sie nachzusprechen.

Kinder schenken bedingungslose Liebe

Eine weitere wunderschöne und unbezahlbare Sache, die das Dasein als Mutter mit sich bringt, ist die bedingungslose Liebe, die wir auf der einen Seite verspüren und die wir auf der anderen Seite von unseren Kindern erhalten. Du bist der Superstar im Leben deines Kindes.

Ganz egal, ob die Augenringe stärker sind als der Concealer, die Haare den Anschein mit sich bringen, die Steckdose als Hairstylisten zu haben und der Schlabberlook zu deinem Markenzeichen geworden ist – für dein Kind bist du die Nummer eins auf dem Laufsteg und rockst ihn!

Dein Kind liebt dich bedingungslos. Für dein Kind bist du immer die beste Mama auf der ganzen Welt und es würde ihm das Herz brechen, wenn es wüsste, wie hart du mit dir selbst ins Gericht gehst. Es würde ihm das Herz brechen, wenn es wüsste, wie kritisch du mit dir bist und wie du dich selbst siehst oder gar verlierst. Denn in den Augen deines Kindes bist du die beste Mama, die es sich nur wünschen kann.

Nimm diese bedingungslose Liebe an. Kuschele mit deinem Kind, nimm seine Hand und lasse auch mal alles stehen und liegen, wenn es nach dir ruft und mit dir eine Runde auf der Couch kuscheln mag. Denn das ist auch dein Wohlfühlmoment, den du dir verdient hast.

Kinder zwingen zu mehr Gelassenheit und entfernen dich vom Perfektionszwang

Hast du schon einmal mit deinem Kind gebacken oder etwas gekocht? Hast du dir diese gemeinsame Aktivität vor deinem inneren Auge idyllisch vorgestellt? Dein Kind und du steht in der Küche, vielleicht läuft im Hintergrund Musik und gemeinsam gebt ihr die Zutaten in die Schüssel, um so den Teig für die Muffins, den Kuchen, die Kekse oder die Plätzchen zuzubereiten, die ihr im Anschluss daran gemeinsam dekoriert?

Wie sagt man so schön? – Wir sind hier nicht bei „Wünsch dir was!" Diese wundervolle Vorstellung des gemeinsamen Backens oder auch des gemeinschaftlichen Bastelns haben vermutlich viele Eltern. Doch die Realität sieht oft etwas anders aus. Ab einem gewissen Punkt wünschst du dir „I want to break free" von Queen als Hintergrundmusik, wenn das Mehl auf dem ganzen Boden liegt, die Eier auf deinem Shirt kleben und das Gesicht deines Kindes vor lauter geschmolzener Schokolade gar nicht mehr zu sehen ist.

Was sich auf den ersten Blick für viele Mütter als große Herausforderung gestaltet, ist in Wahrheit eine der größten Mutterfreuden. Denn Kinder zwingen ihre Eltern durch ihr Verhalten zu mehr Geduld und Gelassenheit.

Es mag ja sein, dass du eigentlich immer ganz präzise und genau bist, wenn du in der Küche stehst und auch beim Basteln eine genaue Vorstellung darüber hast, was du basteln möchtest. Doch dein Kind bindet dem Plätzchendiktator und dem Künstler-Perfektionisten Klebeband auf den Mund und zwingt ihn dazu, sich einfach einmal zu entspannen.

Du wirst merken, dass es dir von Mal zu Mal immer weniger ausmachen wird, wenn die Wage statt 150 Gramm Mehl 160 oder 145 Gramm anzeigt und ein Viertel der Tüte auf dem Tisch und auf dem Boden landet. Du lernst durch deine Kinder, im Moment zu leben und den Moment somit in vollen Zügen zu genießen.

Du hast die Chance, die beste Version deiner selbst zu werden

Mit Sicherheit hast du es auch schon erlebt, dass du dich von deinen Kindern, oder besser gesagt von ihrem Verhalten, getriggert gefühlt hast. Haben sie ohne Grund geweint oder mitten im Supermarkt einen Wutanfall bekommen, hast du vielleicht bei dir selbst gemerkt, wie sich ein unwohles Gefühl in dir ausgebreitet hat.

Das ist vollkommen normal und bedeutet, dass sich dein inneres Kind zu Wort meldet. Dein inneres Kind sind all die Erinnerungen an deine Kindheit, die du verdrängt hast, die sich jedoch jetzt wieder zu Wort melden, weil sie durch das Verhalten deines Kindes getriggert werden.

Auch dieser Punkt mag sich auf den ersten Blick alles andere als positiv anhören. Wenn du jedoch genauer darüber nachdenkst, wirst du merken, dass eine wundervolle Chance hinter diesen Triggern steckt: Dein Kind gibt dir die Möglichkeit, an deiner Vergangenheit zu arbeiten, dich mit ihr auseinanderzusetzen und dir möglicherweise Hilfe zu holen, um Dinge endlich aufzuarbeiten und abschließen zu können.

Befreist du deine Seele und somit auch dein Unterbewusstsein von diesen Trigger-Punkten und den negativen Erinnerungen, wirst du in Zukunft sehr viel gelassener im Umgang mit deinen Kindern, aber auch allgemein in deinem Leben sein. Deine Kinder geben dir die Chance, die beste Version deiner selbst zu werden, zu heilen und das Leben wieder positiver zu sehen.

Das eigene innere Kind wird wieder geweckt und gibt somit die Chance, eine noch bessere Version deiner selbst zu werden

Es wird nie langweilig!

Mit Kindern wird es wirklich nie langweilig. Natürlich kommt es immer wieder vor, dass du dir einen Moment der Stille wünschst und einfach einmal nichts machen möchtest. Doch bestimmt ist es dir auch schon passiert, dass du nach ein paar Stunden ohne deine Kinder froh warst, sich endlich wieder in die Arme schließen zu können.

Auch wenn der Alltag mit Kindern manchmal sehr anstrengend ist und Eltern an ihre Grenzen treibt, ist es wunderschön, immer etwas Neues zu erleben. Denn bei Kindern gibt es viele „Erste Male“, die du gemeinsam mit ihnen erleben darfst:

- Das erste Krabbeln
- Der erste Schritt
- Das erste Lachen
- Das erste Wort
- Das erste feste Essen
- Der erste Zahn
- Der erste Schultag
- Das erste „Mama, ich habe dich lieb!"
- etc.

Es gibt so viele Dinge, die du gemeinsam mit deinem Kind erleben wirst und selbst, wenn du mehrere Kinder haben solltest, ist es jedes Mal wieder ein unbeschreibliches Gefühl. Stelle dir nur einmal vor, wie langweilig es wäre, jeden Tag dasselbe zu leben und nie aus diesem langweiligen Kreis ausbrechen zu können. Kinder machen das Leben bunt, spannend und aufregend.

Du kannst deiner eigenen Fantasie freien Lauf lassen

Kinder haben eine sehr große Fantasie. Sie können sich die spannendsten Dinge vorstellen. Für sie ist das Chaos im Kinderzimmer keinesfalls Chaos. Sie sehen die tollsten Dinge in den banalsten Gegenständen und können sich somit für die augenscheinlich langweiligsten Dinge begeistern. Diese Tatsache geht ein bisschen Hand in Hand mit dem Umstand, dass Kinder einen Blick für die kleinsten Dinge im Leben haben.

Mit Kindern bekommen Puppen oder auch Gegenstände leben. Der Kochlöffel wird zum Protagonisten des nachmittäglichen Kaffeekränzchens unter Puppen und das Bettlacken wird eine fundamentale Requisite des Piratenschiffes, das aus zwischen dem Couchtisch und der Couch gebaut wird. Du lernst, deiner Fantasie wieder freien Raum zu lassen und sie auszuleben. Es ist wunderschön wieder kreativ zu werden und aus augenscheinlich langweiligen Dingen etwas Wundervolles zu schaffen.

Nichtsdestotrotz kann es trotzdem dazu kommen, dass dein Kind enttäuscht von der Stimme ist, die du der Puppe verleihst und dass es denkt, Steven Spielberg zu sein und euer ganzes Rollenspiel bereits im Voraus durchgeplant und strukturiert hat. In diesem Fall ist es mit dem Ausleben deiner Fantasie so eine Sache, doch alles in allem laden Rollenspiele und das allgemeine Spielen mit deinem Kind dazu ein, der eigenen Fantasie freien Lauf zu lassen.

Du lernst ein bisschen mehr die „Ist mir doch egal“-Einstellung anzuwenden

Da sitzt das Kind – inmitten der schmutzigen Wäsche, die es sich aus dem Wäschekorb gefischt hat, umgeben von Joghurt-Kleksen, die es beim Nachmittagssnack auf dem Boden wie ein feuerspeiender Drache herumgespuckt hat und den Kuscheltieren, denen es ein Auge ausgerissen hat und die mit den Filzstiften ein schönes Make-Up erhalten haben. Es spielt friedlich und kümmert sich nicht die Bohne um die äußeren Umstände, die in deinen Augen unmöglich sind.

Es ist vollkommen selbstverständlich, dass im Haushalt eine gewisse Grundhygiene herrschen sollte. Doch du lebst eben auch nicht in einem Wohnkatalog.

Warst du schon so mutig und hast dem bekannten schwedischen Möbelhaus einmal einen Besuch gemeinsam mit deinen Kindern abgestattet? Oder hast du vorgesorgt und für diese Zeit Oma und Opa, Tante und Onkel oder das Mädchen oder den Jungen von nebenan als Babysitter engagiert? Dann weißt du ganz genau, warum du nicht in einem Heim lebst, das aussieht, als sei es das Werbebild für ein Möbelhaus.

Möbel und Gegenstände laden einfach zum Spielen und zum Entdecken ein. Kinder helfen dir dabei, ein bisschen mehr Platz für die „ist mir doch egal"-Einstellung zu machen, wenn die Teller nicht direkt in den Geschirrspüler kommen oder sogar bis zum nächsten Morgen stehenbleiben. Sie helfen dir dabei, das Chaos im Wohnzimmer hinzunehmen und nicht direkt beseitigen zu wollen und sie helfen dir dabei, allgemein mehr Wert auf die wirklich wichtigen Dinge zu legen.

Du stellst fest, dass es in dem Moment wichtiger ist, mit deinem Kind zu spielen oder mit ihm zu kuscheln und beschließt somit, dass der Abwasch und die Wäsche warten können. Das ist eine wundervolle Erkenntnis, die das Dasein als Mutter mit sich bringt.

Fun-Facts: Warum das Dasein als Mama so schön ist

Das Dasein als Mama ist schön. Du übst zwar den anstrengendsten Beruf der Welt aus, zur selben Zeit aber auch den schönsten, und bekommst Liebe, Zuwendung, Spaß und Freude. Zu all den Aspekten, die du bereits lesen konntest, gesellen sich jedoch noch ein paar weitere lustige Fun-Facts, die bestätigen, dass das Dasein als Mama einfach nur schön ist:

Du hast immer eine Ausrede, wenn du nicht mehr länger irgendwo sein willst: Dein Kind braucht dich.

Du kannst in kindische Filme gehen, die dich interessieren und hast dein Kind als Alibi. (Spaß bei Seite – du solltest dich sowieso von den Meinungen und Bewertungen anderer Menschen lösen und das machen, was du möchtest und, was dir Freude bereitet!)

Du lernst vielleicht andere Mütter kennen und findest in ihnen wahre Freundinnen fürs Leben.

Du hast eine kostenlose Haushaltshilfe – denn Kindern kann, sofern du sie richtig motivierst – sogar das Aufhängen der Wäsche Spaß machen. (natürlich solltest du die Hilfe deiner Kinder nie erzwingen und sie nicht als Haushaltshilfe sehen. Doch wenn du Zeit mit deinen Kindern verbringen und nebenbei den Haushalt machen möchtest, wird sogar das Erledigen des Haushalts zum Spiel und nicht mehr zur Last!)

Fallen dir noch weitere Punkte ein? Was macht für dich das Dasein als Mama so schön? Was sind die schönsten Dinge an deinem Alltag mit deinen Kindern? Nimm dir einmal geplant Zeit, um dir diese Frage ganz bewusst zu stellen. Frage dich, was das Dasein als Mama für dich so schön macht und führe dir diese Dinge immer wieder vor Augen.

Warum ist Mama sein manchmal so anstrengend?

Das Dasein als Mama ist wunderschön und bringt sehr viele Freuden mit sich – das ist allgemein bekannt. Nun kann es sein, dass du dich selbst schlecht fühlst, weil du dir unter Umständen die Frage danach stellst, wieso du deinen Blick nicht nur auf die schönen Dinge fallenlässt, sondern dich manchmal einfach nur gestresst, müde und überfordert fühlst.

Vielleicht rechnest du auch damit, dass Reporter an deiner Tür klingeln und dir den Award als „schlechteste Mutter der Welt" verleihen, weil du es bereits am Morgen nach dem Aufstehen nicht abwarten konntest, dass die Kinder am Abend endlich wieder schlafen gehen. Bestimmt fällt dein Blick genau in diesem Moment auf den Eintrag der Mutter auf den Sozialen Medien, die mit ihrem Kind kuschelt, ihm die perfekte Brotzeit zubereitet hat und alle anstehenden Erledigungen gemeinsam mit ihm macht. Und schon klopft die Mom-Guilt an deine Tür und grinst dich frech an. Nur du bist so. Alle anderen Mütter machen alles so viel besser als du, weshalb du dir denkbar schlechteste Mutter auf der ganzen Welt gibt. Und falls es wirklich Leben auf einem anderen Planeten geben sollte, hast du dir auch dort schon den Posten als schlechteste Mutter erarbeitet.

Wow! Stop!

Das, was du fühlst und all die Gedanken, die sich in deinem Kopf breitmachen, sind Gedanken, die viele Mütter haben. Jede Mutter hat schlechte Tage. Doch schlechte Tage zu haben, heißt noch lange nicht, dass du eine schlechte Mutter bist. Das Dasein als Mama mag sehr viele wundervolle Seiten mit sich bringen, doch das schließt nicht aus, dass es dir auch ungemein viel abverlangt und somit sehr anstrengend und fordernd ist.

Mama zu sein, ist so anstrengend wie 2,5 Vollzeitjobs zu haben. Kann nicht sein? Und ob das sein kann – du bist nicht nur tagsüber, sondern auch nachts auf Abrufbereitschaft, hast 1000 Gedanken in deinem Kopf, eine endlos lange To-Do-Liste und leider keinen Reservespeicher an Energien, an dem du dich mal eben schnell bedienen könntest.

Ganz von den Anforderungen der Gesellschaft und deinen eigenen Anforderungen abgesehen, die bereits ihren großen Teil dazu beitragen, dass du viel Druck und Stress verspürst, kommen noch weitere Zutaten in die Suppe, der die Mom-Guilt Feuer unter den Hintern macht, um sie auch wirklich gut zum Kochen zu bringen. Es reicht schließlich nicht aus, unter Druck und Stress zu stehen – eine gehörige Portion Schuldgefühle und unrealistische Vorstellungen und Anforderungen sowie (unrealistische) Vergleiche mit anderen Müttern müssen unbedingt mit dazugehören – oder?

Was ist es also, was das Dasein als Mama so anstrengend macht?

Du machst dir ständig Gedanken und Sorgen

Im Grunde genommen fängt es bereits mit der Schwangerschaft an. Sobald die Streifen auf dem Test bestätigen, dass du schwanger bist, fangen die Sorgen an. Du hangelst dich von Vorsorgetermin zu Vorsorgetermin und hoffst, dass das Baby gesund ist.

Nach der Geburt geht es direkt weiter und du machst dir ständig Sorgen um dein Kind und um deine Rolle als Mutter:

- Bin ich gut genug?
- Braucht mein Kind vielleicht mehr?
- Ist mein Kind wirklich glücklich?
- Könnte ich vielleicht mehr machen?
- Warum ist mein Kind traurig?
- Und was ist, wenn etwas passiert?
- etc.

Diese Liste stellt nur einen minimalen Ausschnitt all der Sorgen und Gedanken dar, mit denen sich Mütter auseinandersetzen und die abends unter anderem dafür sorgen, dass sie nicht schlafen können.

- Hätte ich heute vielleicht anders reagieren können, als mein Kind geweint hat?
- War ich einfühlsam genug?

- Hätte ich vielleicht bestimmte Vorkehrungen treffen müssen, um die Situation verhindern zu können?
- Habe ich genug Zeit mit meinem Kind verbracht?
- Hätte ich mir vielleicht doch nicht die Stunde für mich nehmen, sondern lieber mit meinem Kind spielen sollen?
- usw.

Mütter kennen sie – die Gedanken und die Sorgen, die nicht nur tagsüber ihren Senf dazugeben, sondern auch nachts dafür sorgen, dass sie sich von einer Seite auf die andere drehen und einfach nicht zur Ruhe kommen.

Die ständigen Gedanken und Sorgen stellen eine enorme mentale Belastung dar, die sich auf die Dauer auch auf deinen körperlichen Zustand auswirkt. Du bist müde, fühlst dich ausgelaugt und hast das Gefühl mindestens einen Monat durchschlafen zu müssen, um deinen Energiespeicher wenigstens ein bisschen füllen zu können. Manchmal wärst du gerne der Bär Balu aus dem Dschungelbuch, der sich nicht nur gechillt über den Fluss treiben lässt, während er „Probier´s mal mit Gemütlichkeit, mit Ruhe und Gemütlichkeit“ singt, sondern als Bär auch den Luxus genießt, Winterschlaf halten zu dürfen.

Diese Sorgen und Gedanken stellen eine große Belastung dar und sind mitunter ein Grund dafür, warum das Dasein als Mama eine große Herausforderung ist und von Müttern oft als anstrengend aufgefasst wird.

Die Selbstliebe und die Achtsamkeit, über die du in den kommenden Kapiteln mehr erfahren wirst, werden dir dabei helfen, besser mit diesen Gedanken und Sorgen umzugehen und auch die Mom-Guilt endlich etwas mundtot zu machen.

Du hast ständig mit Schuldgefühlen zu kämpfen

Nun hast du in diesem Buch schon öfter über die Schuldgefühle gelesen, die sich im Rahmen der Mom-Guilt in dir ausbreiten. Diese Schuldgefühle machen das Dasein als Mutter sehr anstrengend und gehen, im Grunde genommen, Hand in Hand mit den Gedanken und Sorgen, die dich tagsüber begleiten und in der Nacht daran hindern, zur Ruhe zu kommen.

Mehr zu den Schuldgefühlen und wie du am besten mit ihnen umgehst, erfährst du in einem Kapitel weiter hinten.

Du tappst in die Falle der Selbstaufgabe

Dein Kind ist das Schönste in deinem Leben. Du würdest alles für dein Kind tun. Am liebsten würdest du immer ein Strahlen in den Augen und ein breites Lächeln auf dem Gesicht deines Kindes sehen.

Das ist vollkommen normal. In der Regel wünschen sich Eltern für ihre Kinder ein wunderschönes Leben, was jedoch viele Mütter dazu verleitet, in die Falle der vollkommenen Selbstaufgabe zu tappen.

Sicherlich braucht das Kind vor allem in den ersten Monaten und Lebensjahren besonders viel Zuwendung und Aufmerksamkeit, doch du existierst auch noch.

Die Falle der Selbstaufgabe trägt dazu bei, dass das Dasein als Mama so anstrengend ist. Die Selbstliebe und die Achtsamkeit helfen dir jedoch dabei, zu erkennen, dass die Selbstaufgabe niemals die Antwort ist und weder für deine Kinder noch für dich selbst positiv ist.

Du musst dich erst in die Rolle der Mama reinfinden

Niemand wird als Mama geboren. Natürlich gibt es einige Mädchen, die bereits als kleine Kinder mit Puppen spielen und darüber sprechen, es kaum abwarten zu können, später auch einmal Mama zu sein.

Doch kein Kind wird als Mama geboren und am Tag der Geburt deines Kindes magst du zwar vielleicht eine „Neu-Mama" sein, aber du bist keine erfahrene Mutter.

Du wächst gemeinsam mit deinem Kind in deine Mutterrolle rein, was anstrengend und alles andere als leicht ist:

- Warum schreit das Baby seit Stunden? Tut ihm etwas weh? Hat es Hunger?
- Ist es normal, dass das Baby so lange schläft? Sollte ich es aufwecken?
- Was ist, wenn ich das Kind falsch halte?
- Wird mein Kind satt? Füttere ich es genug?

- Muss ich es vielleicht gezielter fördern?

Sicherlich kennst du einige dieser Fragen und kannst die Liste durch weitere Fragen und Zweifel erweitern, mit denen du dich selbst auseinandersetzt und die dich somit beschäftigen.

Der praktische Vergleich mit einem Beruf

All die genannten mentalen Aspekte, die du nun kennengelernt hast (bzw. die du bereits kennst und selbst Tag für Tag lebst, hier aber nochmal vor Augen geführt bekommen hast) tragen dazu bei, dass das Dasein als Mutter so anstrengend ist.

Wenn man sich einmal das Dasein als Mutter im Vergleich zu einem Beruf ansieht, wird noch einmal deutlicher, warum das Dasein als Mutter so anstrengend ist:

- Im Beruf hast du feste Arbeitszeiten, während du als Mama immer – egal, wann – auf Abrufbereitschaft stehst. Es gibt keinen Feierabend, kein Wochenende, keine Feiertage und schon gar keinen Urlaub. Selbst wenn deine Kinder schlafen oder wenn du dir ein bisschen Zeit für dich selbst nimmst, bist du immer in Bereitschaft, falls etwas sein sollte. Vielleicht wacht das Kind in der Nacht auf oder möglicherweise ruft der Babysitter an, weil sich das Kind nicht wohlfühlt. Du kannst nicht einfach abschalten.

- Auf der Arbeit kümmern sich in der Regel Reinigungskräfte um die Säuberung deines Platzes, der Toiletten sowie weiterer Räumlichkeiten. Bei dir zu Hause ist das anders. Sofern du dir keine Haushaltshilfe in deine vier Wände holst, bist du gemeinsam mit deinem Partner dafür verantwortlich, für Ordnung und Sauberkeit zu sorgen.
- Sofern deine Kollegen nicht sehr unangenehme Zeitgenossen sein sollten, bringen sie deinen Arbeitsplatz nicht durcheinander und hindern dich auch nicht an deiner Arbeit. Mit Kindern kommt es immer wieder zu unvorhersehbaren Unfällen und Zwischenfällen, die deinen ganzen Zeitplan durcheinanderbringen.
- „Ich geh mal schnell auf die Toilette!“ scheint bei dir zu Hause eine allgemeine Einladung für die Kinder zu sein, dir zu folgen und dir beim Toilettengang Gesellschaft zu leisen. Privatsphäre Ade – scheiden tut weh! Am Arbeitsplatz kann man davon ausgehen, dass du beim Gang auf die Toilette allein bist.
- Du bist nicht für das Wohl und die Gesundheit deiner Kollegen auf der Arbeit verantwortlich. Zudem kannst du dich krankmelden, wenn es dir selbst nicht gutgehen sollte. Mit einer Krankmeldung brauchst du Kindern gar nicht erst zu kommen. Hast du schon einmal versucht, es dir mit einem heißen Kaffee auf der Couch gemütlich zu machen? Na ja – wie sagt man so schön? – Nur kalter Kaffee macht schön.

- In der Regel bereitest du dich durch ein Studium oder durch eine Ausbildung auf das Berufsleben vor, um zu wissen, was in bestimmten Situationen zu tun ist. Zudem hast du, sofern du nicht selbstständig bist, einen Chef, den du jederzeit um Rat bitten kannst. Als Mama kannst du zwar an Vorbereitungskursen teilnehmen und bekommst kluge Hinweise und Ratschläge hinterhergeworfen, doch du stehst immer wieder vor Situationen, in denen du dir ein Handbuch wünschen würdest. Was mache ich, wenn sich mein Kind nicht anziehen will oder sich im Zug auszieht? Wie reagiere ich, wenn mein Kind wunderbare Gegenargumente bringt und ich eigentlich nichts mehr erwidern kann? Gute Frage, nächste Frage? Wo ist der Publikumsjoker?
- Auf der Arbeit regeln Verträge und Gewerkschaften, was Arbeitnehmern zugemutet werden darf und was eindeutig zu weit geht. Das kannst du als Elternteil schlecht machen. Bei wem willst du dich beschweren? Bei der Eizelle? Bei deiner Gebärmutter? Good Luck! Als Elternteil unterschreibst du einen Vertrag, indem es diesen Überlastungsschutz nicht gibt. Mama kann durchaus kochen, mit den Kindern spielen, sich um den Einkauf kümmern und ganz nebenbei die Sachen für die Schule besorgen, die das Kind leider vergessen hat – auch, wenn die Geschäfte in den nächsten 10 Minuten zumachen. No Problem!

- Du hast keine Lust mehr auf deinen Job? Dann suchst du dir einfach einen neuen. Du hast gerade genug von deinen Kindern? – Du merkst, wo der Haken ist?

Wenn man also selbst die vielen mentalen genannten Belastungen außen vorlässt und sich nur auf den Vergleich zwischen der Ausübung eines Berufes und dem Dasein als Mama konzentriert, stellt man fest, dass das Dasein als Mama deutlich anstrengender ist und Mütter vor sehr viel größere Herausforderungen stellt, als dies der Fall ist, wenn Frauen arbeiten gehen und einen ganz normalen Beruf ausüben. Gepaart mit den genannten Belastungen und Herausforderungen ergibt sich der perfekte Cocktail, der dich in einen gefühlten Dauer-Kater-Zustand versetzt.

Das Gegenmittel? – Eine gehörige Portion Selbstliebe und Achtsamkeit. Wie du dir diese in dein Leben hörst, sehen wir uns in einem der nächsten Kapitel noch genauer an.

Denn an und für sich haben Mütter das Bedürfnis danach, sich einfach einmal ein bisschen Zeit für sich selbst zu nehmen. Mütter sehnen sich danach, etwas zu entspannen und sich nur um sich selbst zu kümmern, ohne ständig in das Gedanken-Karussell einzusteigen, das sich nur rund um die Kinder, ihr Glück und ihr Wohlbefinden dreht. Doch es fällt nicht leicht. Es ist oft einfacher gesagt als getan, aus diesem Karussell auszusteigen. Es gibt viele Dinge, die Mütter daran hindern, die Bremse zu ziehen und sich für einen Moment von dem Karussell zu entfernen.

Aber, was genau ist es, was dich hindert? Wieso fällt es dir so schwer, gezielte Oasen der Ruhe und der „Me-time“ in deinen Alltag einzuplanen? Was hindert dich daran, deine

Kinder zu Oma und Opa oder zu anderen Verwandten oder Freunden zu bringen, um dich mit dir selbst zu beschäftigen oder auch einfach mal wieder etwas Zeit mit deinem Partner zu verbringen? Wieso fällt es dir so schwer, Entspannung und Ruhe in dein Leben zu holen?

Was hindert mich?

Immer wieder kann man in Werbung über Windeln oder über Babymilch sehen, wie Mütter ihre Rolle als Mutter genießen und wahrhaft in ihr aufgehen. In diesem Zusammenhang drängt sich bei vielen Müttern die Frage danach auf, wieso so viele Mütter in der eigenen Mutterrolle aufgehen, während sie selbst Probleme damit haben, diese Rolle zu genießen.

Nicht immer fällt es uns schwer, unsere Rolle als Mama zu genießen und zu lieben, doch wie du bereits weiter oben lesen konntest, spielen einige Faktoren eine fundamentale Rolle, wenn es darum geht, die Rolle als Mutter anstrengend zu machen.

Eine sehr große und somit auch recht weit verbreite Rolle bezüglich des Stresses bei Müttern spielt die Tatsache, dass sich Mütter wenig Zeit für sich selbst nehmen. Mütter schenken all ihre Liebe ihren Kindern, ohne sich selbst ausreichend Liebe zu geben. Sie achten auf ihre Kinder und vernachlässigen dabei die Achtsamkeit, die sie sich selbst geben sollten. Warum? Rufe dir immer wieder vor Augen, dass du deinen Kindern keine Liebe und keine Aufmerksamkeit stiehlst, wenn du liebevoller und achtsamer mit dir selbst umgehst.

Wenn man genau ist, passiert genau das Gegenteil. Denn, indem du achtsamer mit dir selbst umgehst und dir mehr

Liebe schenkst, bist du entspannter und ausgeglichener. Wie du bereits weiter oben lesen konntest, können entspannte und ausgeglichene Mütter sehr viel besser auf ihre Kinder eingehen und somit auch präsenter sein. Das heißt auf keinen Fall, dass du eine schlechte Mutter bist, wenn du unter Stress leidest und großen Druck verspürst. Doch du wirst dich deutlich besser fühlen, wenn du mehr auf dich und auf dein Wohlbefinden achtest. Das wiederum wird sich auch sehr positiv auf deine Kinder und auf die allgemeine Grundstimmung in der Familie auswirken.

Aber, was hindert dich daran, dich mehr um dich selbst zu kümmern? Warum hast du Hemmungen davor, dich selbst mehr zu lieben und achtsamer mit dir selbst umzugehen?

Eine ganze Menge! Bestimmt fallen dir viele Gründe ein, die dich daran hindern, dir selbst mehr Liebe und Aufmerksamkeit zu schenken. Sehen wir uns einmal an, welche Gründe die Haupt-Verantwortlichen sind.

Gibst du diesen Gründen ein Gesicht und machst sie für dich selbst greifbar, kannst du auch sehr viel besser mit ihnen umgehen. Denn du vernachlässigst dich selbst nicht einfach grundlos. Du entziehst dir selbst nicht ohne Grund die Liebe, die du verdienst. Es gibt immer einen Grund oder mehrere Gründe. Finde sie heraus und nimm sie dann als wichtige Grundlage, um an dir selbst, an deiner Selbstliebe und auch an deinem Wohlbefinden arbeiten zu können.

Schuldgefühle

Die lieben Schuldgefühle – oft war nun schon von ihnen die Rede. Du kennst sie sehr gut, da sie als Beifahrer im Auto sitzen und dich ständig darauf hinweisen, was du alles falsch machst und was du besser machen könntest. Führt dich dein Weg eigentlich zur „Me-Time" und damit zur Entspannung, schalten sich die Schuldgefühle ein – der nervige Beifahrer, der dich darauf hinweist, dass du ein Stoppschild übersehen hast, dass die Musik viel zu laut ist und dich daran hindert, dich auf den Straßenverkehr zu konzentrieren, dass du zu schnell fährst und dass du mit Sicherheit etwas vergessen hast und lieber nochmal umdrehst, um nachzusehen, ob du wirklich alles dabeihast. Die Schuldgefühle sind der typische Beifahrer, der in dir den Drang hervorruft, anzuhalten und ihn zu Fuß weiterzuschicken. Warum machst du das nicht einfach? Warum schmeißt du die Schuldgefühle nicht einfach raus, machst deine Lieblingsmusik an und fährst dann entspannt in die Richtung, in die du ursprünglich fahren wolltest?

„Du Egoistin!" knallt dir dein Schuldgefühl an den Kopf, wenn du dich dabei erwischst, auf der Seite eines Wellnesshotels nach den Preisen zu gucken. „Natürlich denkst du wieder nur an dich!", fährt es fort und dein Blick gleitet zur zweiten offenen Seite, auf der du nach ein paar neuen Kopfhörern für dich gesucht hast, damit du abends zur Entspannung besser deiner Musik oder deinem Podcast lauschen kannst. „Sollten nicht deine Kinder an erster Stelle stehen?", geht es dann weiter, als der Blick auf das Glas Wein in der Hand fällt, der etwas mehr als sonst gekostet hat.

Und, wenn du gedacht hast, dass du dich gar nicht schuldiger fühlen kannst, grinst dich die Shoppingtüte an, in der die Hose liegt, die du dir doch tatsächlich für 10 Euro im Angebot gekauft hast. Du böse egoistische Mama! Wie konntest du dir selbst etwas kaufen und nicht noch ein weiteres Kleid oder Shirt, aus dem dein Kind sowieso schon sehr bald wieder herauswächst, in den bereits vollkommen überfüllten Kleiderschrank deines Kindes hängen?

Die Frage, ob du deiner Familie vielleicht finanziell schadest, wenn du dir einmal etwas für dich selbst kaufst oder dir ein Wochenende mit deinen Freunden ermöglichst, spielt dabei auch eine große Rolle. Viele Mütter haben Angst, mit ihren Wünschen und Bedürfnissen eine finanzielle Belastung für die Familie zu sein, die sie nicht tragen kann.

Es geht natürlich nicht darum, jedes Wochenende unendlich viel Geld auszugeben – du kannst dich auch Entspannen und dich um dich selbst kümmern und dein Geld dabei sparen. Du musst weder auf der hohen Kante leben, noch am Hungertuch nagen. Finde eine gute Balance und stelle dir auch die Frage danach, welchen Wert deine Gesundheit und dein Wohlbefinden haben? – Deutlich mehr, als das Geld, das du nicht ausgeben möchtest, weil du Angst davor hast, eine finanzielle Belastung für deine Familie zu sein.

Für deine Kinder ist das Geld immer da. Für dich nicht? Wo ist der Fehler? Haben sie es mehr verdient als du? Wieso verdienen sie mehr Liebe, Zuwendung, Zeit und Geld als du?

Die Schuldgefühle warten nur darauf, bis sie etwas finden, woran sie sich festknabbern können. Ganz egal, ob du dir eine Stunde Zeit für dich selbst nimmst, etwas für dich kaufst oder einfach einmal nach Freizeitangeboten suchst, die dich ansprechen – dein Schuldgefühl sitzt immer treu neben dir und sorgt dafür, dass dir die Lust an der Zeit vergeht, die du dir selbst widmen wolltest.

Leider sind diese Schuldgefühle alias die bereits erwähnte „Mom-Guilt" sehr weit unter Müttern verbreitet. Ganz egal, was du machst – die Mom-Guilt steht stets auf der Matte und freut sich darauf, dir das Leben schwer zu machen.

Doch was passiert, wenn du diesen Schuldgefühlen immer nachgibst? Was passiert, wenn du dir selbst Zeit, Zuwendung, Hingabe und Liebe negierst? Denkst du wirklich, dass du für dein Kind da sein kannst, wenn du nie Zeit hast, um deine Energie wieder ein bisschen aufzuladen und zu neuer Kraft zu kommen? Bringt dich ein Auto ohne Benzin an dein Ziel? Schafft es dein Auto mit nahezu leerem Tank, den Berg hochzufahren? Kann schon sein, aber wenn es dann oben steht, ist es vollkommen außer Betrieb und springt nicht mehr an.

Also nein – du bist nicht egoistisch, wenn du dich um dich selbst kümmerst und, wenn du dir ein bisschen Zeit für dich nimmst. Du setzt deine Kinder nicht an der Straße aus, du lässt sie nicht alleine zu Hause und du gibst sie auch nicht zu Fremden. Wenn du dir Zeit für dich nimmst, sind deine Kinder bei Verwandten, Freunden oder Babysittern gut aufgehoben.

Es ist ein vollkommen normaler Gedanke, dass Mütter denken, dass sich niemand besser um ihre Kinder kümmern kann als sie selbst. Doch das ist eben nur dann der Fall, wenn sich die Mütter auch um sich selbst kümmern und für sich die Rahmenbedingungen schaffen, die sie dafür tatsächlich benötigen.

Diese Rahmenbedingungen schaffst du nur unter der Voraussetzung, dass du dir Zeit für dich selbst nimmst und dich entspannst. Deine Kinder werden sehr viel mehr Spaß haben, wenn sie bei Oma und Opa sein dürfen oder gemeinsam mit den Freunden einen Ausflug machen und danach zu einer entspannten Mama zurückkommen, als wenn sie die ganze Zeit an dir kleben und du es kaum abwartest, dass es endlich Zeit ist, um ins Bett zu gehen.

Du bist eine gute Mutter, wenn du dich um dich selbst kümmerst. Deine Kinder und auch du profitieren von deiner „Me-Time". Du bist kein Egoist, wenn du beim Shopping auch mal was für dich kaufst und nicht immer nur an deine Kinder denkst.

Natürlich heißt es, dass man sich für seine Kinder zurücknehmen muss. Doch nicht um jeden Preis. Deine Kinder haben ein schönes Leben. Es fehlt ihnen an nichts. Dir ja – dir fehlt es an Zeit für dich, an Entspannung und Gelassenheit, höchstwahrscheinlich auch an ausreichend Selbstliebe. Genieße die Zeit mit deinen Kindern noch intensiver, indem du dir Zeit für dich nimmst. Das hat wirklich nichts mit Egoismus zu tun.

Eine interessante Frage, die sich in dem Zusammenhang mit den Schuldgefühlen aufdrängt, ist unter anderem die Frage danach, warum vor allem Mütter so stark unter diesen

Schuldgefühlen leiden. Wieso kämpfen vor allem Mütter mit der Mom-Guilt und warum gehen Väter so viel lockerer an ihre „Ich"-Zeit heran?

- Ich bin heute Abend mit Freunden Fußball spielen.
- Ist es okay, wenn ich morgen ein Bier trinken gehe?
- Ich gehe mal für eine Stunde ins Fitnessstudio
- etc.

All diese Sätze scheinen Vätern sehr viel einfacher von der Zunge zu rollen, als dies bei Müttern der Fall ist. Du schaffst es in vielen Fällen wahrscheinlich nicht einmal den Gedanken zu Ende zu denken und schon hat dich die Mom-Guilt gepackt. Wie kannst du es auch nur wagen, daran zu denken, für eine Stunde ins Fitnessstudio zu gehen? Woher – um Himmels Willen – nimmst du die Dreistigkeit, mit dem Gedanken zu spielen, dich mit deinen Freunden zu treffen? Sag mal – geht's noch?

Warum fällt es dir als Mutter so schwer, dir die Zeit für dich zu nehmen, die dir zusteht und dich mit der Liebe zu behandeln, die du verdienst? Warum setzt du dich immer an die letzte Stelle?

Die Antwort ist eigentlich ganz einfach und zieht sich, wenn du so willst, durch die gesamte Geschichte des Daseins als Mutter. Denn du bist weder die erste noch die letzte Frau, die sich mit diesen Schuldgefühlen auseinandersetzen muss. Das Einzige, was du in Bezug auf diese Schuldgefühle machen kannst, ist deine Einstellung zu ihnen zu ändern und ihnen somit die Macht zu nehmen, die sie über dich zu haben scheinen.

Werde dir darüber bewusst, dass du nicht die Marionette, sondern der Puppenspieler bist. Werde dir darüber bewusst, dass du nicht Zuschauer, sondern Regisseur, Hauptdarsteller und Szenenbildner in einem bist. Du bist die „Bestimmerin“ in deinem Leben und du bestimmst, welche Gedanken Macht über dich haben dürfen.

In diesem Zusammenhang ist es jedoch interessant zu wissen, welchen Ursprung deine Schuldgefühle haben. Schuld daran ist der Mythos der geduldigen, selbstlosen und immer helfenden sowie zur Verfügung stehenden Mutter, die immer für ihre Kinder da ist. Man könnte fast schon meinen, dass Schuldgefühle das Synonym für das Wort „Mutter“ sind. Denn nahezu jede Mutter hat mit diesen gemeinen Schuldgefühlen zu kämpfen, die immer wieder implizieren, dass sie irgendetwas falsch macht. Ganz egal, worum es geht – die Mutter ist immer schuld.

Fällt dir bei der Beschreibung: selbstlos, immer helfend, stets ansprechbar und geduldig etwas auf? Diese Beschreibung stellt genau das Gegenteil einer Person dar, die sich um sich selbst kümmert und gut für sich sorgt.

Da diese beiden Beschreibungen zwei Gegensätze zu sein scheinen, gehen viele Mütter davon aus, dass es nur „entweder“ und „oder“ gibt und dass sie zwischen diesen beiden Rollen wählen müssen. Das führt wiederum dazu, dass sich Frauen aufopfernd in die Rolle der perfekten Mutter begeben und sich selbst dabei vernachlässigen.

Doch im Leben gibt es nicht immer nur „entweder“ und „oder“. Das Leben ist nicht nur schwarz und weiß, sondern kunterbunt und besitzt viele unterschiedliche Möglichkeiten.

Um diese Möglichkeiten sehen zu können, ist es jedoch wichtig, dass wir uns von der grauen Nebelsuppe befreien, die dieser Mutter-Mythos in unsere Köpfe gepflanzt hat. Klären wir diesen Nebel etwas auf und merken anschließend, dass sehr viele Türen offenstehen und dass wir einfach nur durch sie hindurchgehen müssen.

Befreie dich von diesem Mythos und von den Gedanken daran, dass du eine schlechte Mutter bist, weil du diesem Mythos nicht entsprichst. Denn genau das ist das Fressen der Mom-Guilt. Füttere die Mom-Guilt nicht weiter und lebe ein selbstbestimmtes Leben als glückliche Mutter, die nicht nur für ihre Kinder, sondern auch für sich selbst, ihre Wünsche und ihre Bedürfnisse da ist.

Was erreichst du, wenn du dich aufopferst? Nimm dir einmal ganz bewusst Zeit, um dir diese Frage zu stellen. Versuche, eine Antwort auf diese Frage zu finden und sei vollkommen ehrlich mit dir. Ist es wirklich eine gute Sache, sich selbst aufzugeben, sich ständig zu opfern und an letzte Stelle zu setzen?

Mütter, die sich selbst aufopfern, mögen zwar dem perfekten Mutter-Mythos entsprechen, doch in Wahrheit sind sie kein gutes Vorbild für die eigenen Kinder.

Wenn du für deine Kinder ein schönes und rundum glückliches Leben möchtest, treibst du sie mit deinem Vorbild als sich selbst aufgebende Mutter genau in die falsche Richtung. Da Kinder ihre Eltern als Vorbild nehmen und sie nachahmen, besteht eine große Gefahr, dass sich auch dein Kind später einmal selbst aufgibt, sich immer an die hinterste Stelle stellt und sich selbst nicht genug Liebe schenkt.

Lebst du deinem Kind jedoch vor, dass es durchaus möglich ist, andere Menschen und sich selbst zu lieben und diese Liebe nicht durch Selbstaufgabe zu zeigen, gibst du deinen Kindern die wichtigste Grundlage für ein selbstbestimmtes Leben mit sich, in dem sie sich selbst lieben, ihre Prioritäten klar setzen, Grenzen ziehen und folglich glücklich leben.

Männer stoßen nicht auf einen solchen Mythos, weshalb es ihnen sehr viel leichter fällt, sich Zeit für sich selbst zu nehmen. Nicht weil es ihnen egal ist oder weil sie egoistisch sind – das sind Aussagen, die auf dem Mütter-Mythos basieren und implizieren, dass Mütter, die sich Zeit für sich selbst nehmen und sich um sich selbst kümmern, egoistisch sind.

Es ist wichtig, über diese Schuldgefühle zu sprechen. Bis vor einigen Jahren war das noch ein volles Tabu. Als die Frauen noch in einem sehr patriarchischen System lebten, die Männer die Chefposten besetzten und die Frauen die Verantwortung dafür trugen, dem Mann den Rücken freizuhalten und die Kinder zu erziehen, hatten diese Schuldgefühle keinen Platz. Wer sie laut ausgesprochen hätte, hätte als schlechte Mutter und undankbare Frau gegolten – selbst wenn viele andere Mütter dieselben Gedanken hatten. Das hätte jedoch niemand zugegeben.

Sprich über deine Schuldgefühle und mache sie somit nicht nur dir selbst, sondern auch deinem Partner präsent. Denn, je mehr du versuchst, die Schuldgefühle zu ignorieren, umso stärker werden sie. Nach dem Motto: „Du willst mich nicht sehen? Dann mache ich eben so lange auf mich aufmerksam, bis du mich endlich siehst!“

Wichtig ist, dass du immer das machst, was in deiner Macht steht. Dass du dich so um deine Kinder kümmerst, wie es dir möglich ist und dich nicht selbst fertigmachst, wenn du auch mal an deine Grenzen kommst. Kein Mensch auf der Welt ist perfekt. Du musst keine perfekte Mutter sein, um eine gute Mutter zu sein. Dabei ist es auch immer wichtig zu erwähnen, dass die Definition der perfekten Mutter für die Kinder du bist. In den Augen deiner Kinder bist du bereits die perfekte Mutter.

Lebe kein langweiliges Schwarz-Weiß-Leben, sondern lasse die Farbenkanone explodieren und tanze unter dem Regenbogen, der sich aus Regen und Sonnenschein bildet. Natürlich wollen wir glückliche Familien und vollkommene Harmonie. Doch das ist nicht die Realität. Die Realität besteht aus Gewittern und negativen Gefühlen sowie aus Sonnenschein und positiven Gefühlen. Erst wenn du lernst, deine Haut mit den Strahlen der Sonne zu wärmen und im Regen zu tanzen, kannst du ein wirklich erfülltes Leben und Dasein als Mama genießen.

Ich hab' doch keine Zeit

Als wären die Schuldgefühle nicht genug und als hättest du nicht schon ausreichend mit ihnen zu kämpfen, gesellt sich zu ihnen ein zweiter Grund ins Boot, das dich in die Richtung der Selbstaufgabe segeln lässt. Die Schuldgefühle hissen die Segel und die Aussage „Ich hab' doch keine Zeit" stellt sich an das Steuer.

Du kennst diesen Satz bestimmt, oder? Wie oft nimmst du diesen Satz in den Mund, wenn es darum geht, dir Zeit für dich selbst zu nehmen? Du möchtest eine Stunde spazieren gehen oder du hast vor, einen Tag mit deinen Freunden in der Stadt zu verbringen. Aber, das geht nicht, denn du hast dafür keine Zeit.

Deine To-Do-Liste scheint kein Ende zu finden und in deinem großen Familienkalender mit den extragroßen Spalten scheint es kaum einen freien Platz zu finden. Du weißt nicht einmal, wie du die ganzen Termine sortieren und in dem Kalender unterbringen sollst – da brauchst du über Zeit für dich gar nicht erst nachzudenken.

Dazu kommt, dass auch der Haushalt auf dich wartet. Du musst kochen und putzen, dich um andere Dinge kümmern und findest somit absolut und bei bestem Willen keine Zeit, um dir ein kleines Zeitfenster für dich freizuräumen.

Es gibt einen tollen Spruch, der besagt, dass man Zeit findet, wenn man Zeit finden möchte. Wenn man keine Zeit finden möchte, findet man Ausreden. Dieser Spruch mag auf den ersten Blick wirklich hart klingen und dafür sorgen, dass sich viele Mütter vor den Pranger gestellt fühlen.

Doch der Spruch entspricht der Wahrheit. Du findest für alles Zeit, wenn es darum geht, dem Mütter-Mythos zu entsprechen, aber du findest in der Woche nicht ein einziges Mal Zeit dafür, um dich um dich selbst zu kümmern? Wirklich nicht?

Findest du keine Zeit oder willst du keine Zeit finden? Ist der Spruch „Ich hab' doch keine Zeit" vielleicht nur ein Alibi, um nicht in die Verlegenheit kommen zu müssen, dich mit dem Mutter-Mythos und den Selbstzweifeln und Schuldgefühlen auseinandersetzen zu müssen?

- Was ist mit der Fahrt zum Supermarkt fünf Minuten vor der Schließzeit, weil du die Milch vergessen hast?
- Was ist mit dem Besuch beim Arzt, der eigentlich nicht eingeplant war, weil es deinem Kind nicht so gutgeht?
- Wie sieht es mit der Tatsache aus, dass du dich bereit erklärst, den Schulausflug deines Kindes als Betreuerin zu begleiten, weil es allein nicht mitgehen möchte?

Wenn es sich um dein Kind dreht, findest du immer einen Weg und Zeit. Das ist an und für sich gut und richtig. Es ist wichtig, dass du Zeit für dein Kind findest, vor allem dann, wenn es dich braucht, doch es ist eben genauso wichtig, dass du Zeit für dich selbst findest.

Jeder Mensch hat am Tag dieselbe Anzahl an Stunden zur Verfügung.

- Ja – deine To-Do-Liste mag lang sein!
- Ja – der Haushalt macht sich nicht von alleine und die Elfen, die in der Nacht für Ordnung und Sauberkeit sorgen, scheinen die Karte, die zu deinem Haus führt, verloren oder verbrannt zu haben.
- Ja – deine Kinder haben Hobbys und Termine.
- Ja – der Einkauf muss erledigt werden.
- usw.

Aber:

- Musst du wirklich alle Dinge auf deiner To-Do-Liste erledigen? Noch heute? Finden sich nicht vielleicht Punkte auf ihr wieder, die vollkommen unnötige Zeitfresser sind und sich nur aus dem Grund auf der Liste befinden, weil du das Gefühl hast, dass von dir erwartet wird, dass du bestimmte Dinge machst? Wie zum Beispiel das freiwillige Treffen beim Elternkreis? Oder die Müll-Sammel-Aktion? Alles gute Dinge – keine Frage. Doch sind sie wichtiger als deine „Me-Time"? Auf deiner To-Do-Liste gibt es garantiert einige Dinge, die du rausschmeißen kannst.
- Du bist nicht allein für deine Kinder verantwortlich. Du lebst nicht allein im Haushalt. Binde deinen Partner mit ein und teilt euch Aufgaben auf. Rufe dir immer wieder in den Hinterkopf, dass das Bild, welches der Mutter-Mythos verfolgt, nicht gut für dich und deine Familie ist. Du lebst im 21. Jahrhundert!

Weitere spannende Tipps, wie du als Mama entspannter leben und mehr Zeit für dich findest, bekommst du ganz am Ende dieses Ratgebers mit auf den Weg. Hier hast du nur zwei der zahlreichen Beispiele erhalten, um dir schon einmal vor Augen zu führen, dass es sich bei dem Satz „Ich hab' doch keine Zeit“ nur um einen Satz handelt. Wie sagt das beliebte italienische Lied so schön? – „Parole, parole, parole …“ Worte, Worte, Worte. Es sind nur Worte. Und da wir nicht geizig mit klugen Sprüchen umgehen, solltest du auch immer wieder bedenken, dass dort, wo ein Wille ist, auch ein Weg ist. Wenn du Zeit für dich finden möchtest, findest du Möglichkeiten und nimmst das Steuer somit selbst in die Hand, um das Boot in die Richtung der glücklichen, sich selbst liebenden Mutter zu fahren, die ihren Kindern nicht nur ein gutes Vorbild ist, sondern auch wirklich für sie da sein kann, weil sie über ausreichend Energie verfügt und entspannt ist.

Eigene Erfahrungen

Ein weiterer Passagier, der sich mit auf dem Boot befindet, mit dem du langsam, aber sicher in die Richtung der Selbstaufgabe fährst und dich auch dem Stress und dem Druck immer mehr ergibst, sind deine eigenen Erfahrungen. Deine Erfahrungen, die du dein ganzes Leben über gemacht hast, prägen dich, deine Ansichten und auch dein Verhalten in Bezug auf andere Menschen. So haben deine Erfahrungen aus deiner Kindheit oder auch andere einschneidende Erlebnisse einen großen Einfluss darauf, wie du mit dir selbst umgehst, was für ein Bild du von dir hast und wie sehr du dich selbst liebst.

Natürlich stimmt es, dass nicht jeder Mensch eine tragische Kindheit hinter sich hat, doch auch Menschen, die keine augenscheinlich schlimmen Dinge in ihrer Vergangenheit erleben mussten, können durch bestimmte Dinge beeinflusst und somit auch getriggert werden.

Weiter oben war bereits schon einmal die Rede von Trigger-Punkten. Trigger sind ganz normal und weisen schlicht und ergreifend darauf hin, dass es in deinem Leben Erlebnisse gab, die du bisher nicht verarbeitet hast. Sie befinden sich deshalb weiter in deinem Unterbewusstsein und befinden sich, wenn du so willst, in einem Tiefschlaf. Wenn sie allerdings die richtigen Trigger hören, wachen sie auf und sorgen für unterschiedliche Reaktionen bei dir.

Die eigenen Erfahrungen leben also auf dem Boot, auf dem sich bereits die Schuldgefühle und der Spruch „Ich hab' doch keine Zeit" befinden, den Kompass und stellen somit sicher, dass das Boot auch ja in die richtige Richtung – die Richtung der Selbstaufgabe – fährt.

Doch, von welchen Erfahrungen und Situationen ist hier genau die Rede? – Von allem, was dich in irgendeiner Weise negativ beeinflusst und geprägt hat. Denn, Menschen erhalten den Grundstein für die bedingungslose Selbstliebe bereits in der Kindheit. Es liegt in der Aufgabe der Eltern, ihre Kinder bedingungslos zu lieben und die Liebe nicht an Bedingungen zu knüpfen, um ihnen so die Türen zur Selbstliebe zu öffnen. Wer sich nicht bedingungslos selbst liebt und Ausreden dafür findet, sich nicht die Liebe zu geben, die er verdient, hat möglicherweise Erfahrungen in der Kindheit gemacht, die diese Selbstliebe blockieren.

Die Gründe können dabei unterschiedliche sein. Sehen wir uns einmal einige der bekanntesten Gründe an. So kannst du besser verstehen, ob auch du eine unterbewusste Erfahrung oder Blockade hast, die dich daran hindert, dich bedingungslos selbst zu lieben und dich an erste Stelle zu setzen.

Die Unsicherheit aus der Kindheit

Eine mögliche Ursache, die dazu führen kann, dass du Hemmungen hast, dich selbst bedingungslos zu lieben und den Wert zu erkennen, den du hast, besteht in Unsicherheiten aus deiner Kindheit.

Eltern haben einen ungemein großen Einfluss auf ihre Kinder und können somit durch das, was sie sagen (oder nicht sagen) und das, was sie tun (oder nicht tun) beeinflussen, wie sich das Kind fühlt und was für eine

Einstellung es sich selbst gegenüber entwickelt. Eltern haben einen großen Einfluss darauf, ob sich ein Kind selbst liebt oder ob es sich ständig zurücknimmt und zum Wohle anderer Menschen immer wieder selbst hintenanstellt.

So spielt zum Beispiel der Umgang mit den Gefühlen eine wichtige Rolle. Da Liebe ein Gefühl ist, ist dieses Beispiel am treffendsten, wobei in diesem Zusammenhang viele weitere Gründe eine Rolle spielen können.

Hast du in deiner Kindheit vielleicht des Öfteren den Satz „Da musst du jetzt gar nicht so weinen!" gehört, wenn dir die Tränen in die Augen geschossen sind? Oder wurde dir gesagt, dass es ja gar nicht so schlimm sei, wenn du hingefallen bist? Kommt dir der Satz „Es ist doch gar nichts passiert!" bekannt vor?

All diese Sätze mögen auf den ersten Blick sehr harmlos wirken. Auf den ersten Blick schaden sie dem Kind auch nicht, doch auf den zweiten Blick gesehen passiert in dem Moment, in dem das Kind diese Sätze hört, etwas ganz Fundamentales in seinem Unterbewusstsein.

Durch diese Sätze implizieren Erwachsene, besser zu wissen, was das Kind fühlt, sodass es das Gefühl vermittelt bekommt, dass etwas mit seinem eigenen Gefühl nicht stimmt. Das führt auf Dauer dazu, dass es seine eigenen Gefühle unterdrückt und sich somit nicht auslebt. Damit entfernt es sich von seinem inneren Ich.

Nun haben die Worte:

- Selbstliebe
- Selbstbewusstsein
- Selbstvertrauen
- Selbstwertgefühl

Nicht nur allesamt die Gemeinsamkeit, dass sie unter der Kategorie der Persönlichkeitsentwicklung stehen, sondern sie starten alle mit dem Wort „Selbst". Wie soll sich ein Mensch selbst kennen, wenn er sich selbst nicht kennt? Wie kann sich ein Mensch selbst an die erste Stelle setzen, wenn er immer das Gefühl vermittelt bekommen hat, nicht zu wissen, was er fühlt und, was er will?

Diese Unsicherheit bezüglich der eigenen Gefühle, die Menschen in der Regel in der Kindheit vermittelt bekommen haben (nicht unbedingt aus Böswilligkeit der Eltern, sondern viel mehr aus Unwissenheit), entwickelt sich unter Umständen zu der Unsicherheit im Erwachsenenalter:

- Soll ich wirklich eine Stunde Zeit für mich nehmen?
- Ist es echt in Ordnung, dass ich mir diese Hose kaufe?
- Kann ich wirklich einfach so einen Tag mit meinen Freunden verbringen?

Ja, ja und nochmals ja!

Werde dir deiner Unsicherheiten bewusst und finde heraus, wieso du sie hast. Unter anderem können Liebesentzug

(Wenn du das nicht machst, dann habe ich dich nicht mehr lieb!) oder auch die genannten Sätze, wie zum Beispiel „Es ist gar nichts passiert“, aber auch „Hab dich nicht so!“ zu diesen Unsicherheiten führen und mitunter einen Grund für die mangelnde Selbstliebe sein, mit der du gerade zu kämpfen hast.

Innere Blockaden und alte Wunden aus deiner Kindheit

Ein weiterer Punkt, der unter den Aspekt der eigenen Erfahrungen fällt, ist der Aspekt der inneren Blockaden und der alten Wunden aus deiner Kindheit. Du musst dir immer wieder vor Augen führen, dass dein Unterbewusstsein alles abspeichert und dich somit in einem sehr großen Maß beeinflussen kann – auch wenn dir das im ersten Moment vielleicht gar nicht so bewusst ist.

Was können solche inneren Blockaden sein? Innere Blockaden und alte Wunden können von Mensch zu Mensch ganz unterschiedlich aussehen. Einige Beispiele sind:

- Du wurdest als Kind nicht bedingungslos geliebt und hast somit vermittelt bekommen, dass man sich Liebe erarbeiten musst.
- Du durftest deine Gefühle nicht ausleben und weißt somit nicht, wie du mit deinen Gefühlen umgehen sollst. Deswegen triggern dich Wutausbrüche deiner Kinder auch so sehr oder du reagierst schnell nervös und gestresst, wenn sie augenscheinlich grundlos weinen.

- Ein Elternteil war abwesend und du hast nie eine Erklärung dafür bekommen. Kinder haben ,ein so großes Bedürfnis nach Sicherheit und Harmonie, dass sie Streit unter den Eltern oder auch die Abwesenheit eines Elternteils auf sich beziehen. Sie denken, dass sie schuld sind, was wiederum dazu führt, dass sie in der Entwicklung ihrer Selbstliebe und auch ihres Selbstbewusstseins und Selbstwertgefühls gehemmt werden.

Es gibt sicherlich noch viele weitere innere Blockaden und Wunden aus der Kindheit, die dazu führen können, dass du heute Schwierigkeiten damit hast, dir Zeit für dich zu gönnen und dich um dich und dein Wohlbefinden sowie um deine Entspannung zu kümmern. Aus diesem Grund ist es für dich wichtig, diese Blockaden zu erkennen, um sie aus dem Weg zu räumen. So räumst du dir den Weg zur Selbstliebe frei und darfst dich darauf freuen, dich endlich bedingungslos selbst lieben zu können.

Negative Glaubenssätze

Der letzte Aspekt, den du auf keinen Fall unterschätzen solltest, ist der Aspekt der negativen Glaubenssätze. Jeder Mensch verfügt in seinem Leben über bestimmte Glaubenssätze, die auf verschiedenen Fundamenten aufbauen. Zum einen spielt es natürlich eine Rolle, mit welchen Glaubenssätzen du als Kind aufgewachsen bist und zum anderen haben auch Menschen, die du in deinem Leben kennengelernt hast, einen Einfluss auf diese Glaubenssätze.

Denn Glaubenssätze sind nicht in Stein gemeißelt, sondern du hast die Macht darüber, sie zu ändern und somit immer wieder neu anzupassen. Vor allem die negativen Glaubenssätze haben eine sehr starke Macht über dich und drücken immer wieder auf die Bremse, wenn du etwas für dich machen möchtest oder auch nur die Andeutung machst, dich in die Richtung der Selbstliebe zu bewegen.

- Was sollen nur die Leute denken, wenn sie mich ohne mein Kind sehen?
- Was werden die Menschen denken, wenn ich mit meinen Freunden shoppen gehe?
- Bestimmt passiert genau in dem Moment, in dem ich nicht da bin, etwas Schlimmes.
- Bestimmt werde ich wieder zum Gesprächsthema Nummer 1, wenn die anderen herausfinden, dass ich mein Leben nicht im Griff habe, ,weil ich eine Haushaltshilfe habe und mir einen Abend in der Woche für mich selbst nehme.

Das sind nur einige der Beispiele darüber, wie negative Glaubenssätze aussehen können. Wie du siehst, beziehen sich diese Glaubenssätze zum größten Teil auf die Meinung der anderen, über die du in einem Kapitel weiter oben bereits mehr erfahren hast.

Warum ist es dir so wichtig, was andere Menschen von dir denken und was sie über dich sagen? Du musst dir immer wieder in dem Hinterkopf rufen, dass die Menschen immer reden werden. Menschen werden darüber sprechen, wenn du A sagst und sie werden genauso sprechen, wenn du B sagst. Sie werden immer urteilen. Lass dich davon nicht beeinflussen und lass dir davon vor allem nicht dein Leben bestimmen und deine Selbstliebe verwehren. Lass sie reden, lass sie urteilen, lass sie spekulieren.

Wenn du mit den nächsten Kapiteln dieses Buches die Tipps und Tricks bezüglich mehr Selbstliebe und Selbstvertrauen in dein Leben einbaust, wirst du merken, wie leicht es dir fallen wird, auf die Meinung deiner Mitmenschen zu pfeifen:

- Das Kind von Berta schläft bereits durch? – Schön für sie!
- Herbert würde seinen Sohn nie mit im Ehebett schlafen lassen. – Okay!
- Rita findet es verantwortungslos, dass dein Kind in seinem eigenen Bett schlafen muss. – Ist ihr Problem.
- Cristina kann sich nicht vorstellen, ihr Kind auch nur eine Sekunde fremdbetreuen zu lassen. – Dann ist das so, Cristina!
- Kai kann nicht verstehen, warum du dein Kind nicht fremdbetreuen lässt. Du hättest so viel mehr Zeit für dich. – Musst du auch nicht verstehen, Kai!

Weitere Beispiele wären Sätze, wie:

- Wer auch gerne Zeit ohne sein Kind verbringt, ist eine schlechte Mama.
- Wer es nicht erwarten kann, dass die Kinder endlich ins Bett gehen, hat etwas falsch gemacht.

- Wer nicht jeden Moment als Mama genießt, sollte sich schämen!
- usw.

Du merkst, worauf diese Beispiele hinauswollen. Menschen werden immer reden und es wird immer jemanden geben, dem du es nicht rechtmachst. Und weißt du was? Das musst du auch gar nicht. Du musst es niemandem außer dir selbst rechtmachen. Wer kümmert sich darum, was die anderen sagen? Gib diesen negativen Glaubenssätzen keine Macht über dich!

Du darfst auch dein altes Leben vermissen. Du darfst dein Kind unendlich lieben und es als das Schönste, was dir in deinem Leben passieren konnte, ansehen und trotzdem deinem alten Ich nachtrauern. Ein Kind bedeutet nicht, dass das ganze Leben lang nur die Sonne scheint und dass du deine neue Rolle als Mama mit all ihren Seiten lieben musst.

Werde dir darüber bewusst, dass es vollkommen normal und in Ordnung ist, die alten Zeiten zu vermissen. Genau aus diesem Grund musst du dir Zeit für dich selbst nehmen. Du bist nicht nur Mama. Du bist du. Zwar bist du Mama, doch darüber definierst du dich nicht. Du bist im Gruppenchat der Kindergarten- oder Schulgruppe deines Kindes zwar vielleicht unter „Mama von …" gespeichert, doch du bist nicht nur Mama, sondern du bist du. Eine selbstständige, wundervolle, einzigartige, liebenswerte und wunderschöne Frau – und eine verdammt coole Socke mit dazu. Hallo? Dein Körper hat ein Lebewesen erst in sich wachsen lassen und dann geboren.

Wenn das nicht unglaublich ist, was dann? Du hast es verdient, stolz auf dich zu sein.

Lass die Korken knallen, klopfe dir selbst auf die Schulter und gönne dir das Glas Wein, die Massage, den Spaziergang allein an der frischen Luft und das Buch, das du seit Monaten lesen wolltest. Und dann bist auch wieder bereit dafür, die kleinen Händchen zu fassen, die weichen Wangen zu küssen und die strahlenden Augen zu genießen und das weite Lächeln mit einem ebenfalls aufrichtigen und strahlenden Lächeln zu erwidern. Mama – du bist eine verdammt coole, einzigartige und gute Mama! Ohne Wenn und Aber. – Du rockst!

Selbstliebe – was ist das überhaupt?

Jetzt hast du immer wieder von der Selbstliebe und von ihrer Wichtigkeit gelesen, sodass du dir vielleicht zunächst einmal die durchaus berechtigte Frage danach stellst, was Selbstliebe überhaupt ist. Was musst du dir unter ihr vorstellen? Warum spielt sie in deinem Leben eine so wichtige Rolle?

Um Selbstliebe lernen und immer mehr in dein Leben integrieren zu können, ist es wichtig, dass du mit diesem Begriff etwas anfangen kannst und eine Beziehung zu ihm aufbaust. Nur so kannst du die Selbstliebe in dein Leben holen und nutzen, um dich nicht nur besser mit dir selbst zu fühlen, sondern um deinen Kindern auch ein deutlich besseres Vorbild sein zu können. Mit mehr Selbstliebe wirst du dir sehr viel leichter Oasen der Ruhe für dich selbst im Alltag schaffen können. Lässt du Selbstliebe in dein Leben, wird es dir leichter fallen, dich selbst zu beobachten und festzustellen, wann die Batterie fast leer ist und wieder eine neue Aufladung braucht. Auf dem Weg zur Selbstliebe lernst du dich selbst besser kennen, kannst Grenzen besser ziehen und somit dein Leben sehr viel selbstbestimmter und entspannter leben.

Denn wer sich selbst liebt und nur das Beste für sich selbst will, setzt keine Dinge mehr auf seine To-Do-Liste, die ihm eigentlich nicht passen. Wer sich selbst liebt, opfert sich nicht für andere auf und erkennt, dass nur eine glückliche und entspannte Mama wirklich vollkommen für ihre Kinder da sein und sich somit bestens um sie kümmern kann.

Selbstliebe ist so wichtig und stellt zudem eine wesentliche Grundlage für weitere fundamentale Dinge, wie zum Beispiel das Selbstvertrauen, das Selbstbewusstsein und auch das Selbstwertgefühl dar. All diese Dinge spielen für ein glückliches, erfülltes und entspanntes Leben und Dasein als Mama eine unglaublich wichtige Rolle.

Was bedeutet eigentlich Selbstliebe?

Selbstliebe. Sieh dir dieses Wort einmal genauer an und lasse es dir im Mund zergehen. Selbstliebe. Was ist das? Was verstehst du unter Selbstliebe? Selbstliebe ist, wenn du eine ganz einfache und kurze Definition dieses Begriffes haben möchtest, die Liebe, die du dir selbst entgegenbringst.

Hm, gut. Du magst dich, wie du bist, oder? Du findest dich schon ganz okay. So schlimm bist du nicht.

Ist das Selbstliebe? Nein!

Selbstliebe ist intensiver. Selbstliebe ist inniger. Selbstliebe ist aufrichtiger. Selbstliebe heißt nicht, dass du dich einfach nur akzeptierst oder dich gerade so ausstehen kannst, sondern dass du dich liebst! Das Gefühl, über das so viele Dichter schreiben. Das Gefühl, das das Motiv so vieler romantischer Bücher darstellt und das Gefühl, das sich jeder Mensch für sich in seinem Leben wünscht, bei anderen sucht aber an aller erster Stelle bei sich selbst findet – die Liebe.

Die Selbstliebe heißt, dass du dich selbst so annimmst wie du bist. Du akzeptierst dich und achtest dich. Du weißt, wie unendlich wertvoll du bist und dass du es verdient hast, glücklich, erfolgreich und entspannt zu sein. Selbstliebe heißt, dass du dich um dich selbst und um dein mentales sowie körperliches Wohlbefinden bemühst und dich auf der Liste deiner Prioritäten an die erste Stelle setzt. Natürlich ändert sich dieser Punkt bei Mamas insofern, als dass die Kinder, die vollkommen von dir abhängig sind, die höchste Priorität genießen. Selbstliebe heißt in diesem Zusammenhang aber auch, dass das nicht bedeutet, dass dich die Kinder von dem ersten Platz stoßen, sondern dass sie sich den ersten Platz mit dir teilen. Sie teilen sich den ersten Platz mit dir und du musst dir selbst keine Liebe entziehen, um deinen Kindern bedingungslose Liebe schenken zu können.

Denn wie sagt man doch so schön? – Die Liebe ist das Einzige, was sich verdoppelt, wenn man es teilt.

Um genau zu sein, kannst du deinen Kindern nur dann bedingungslose Liebe schenken, wenn du weißt, wie sich diese bedingungslose Liebe überhaupt anfühlt. Aus diesem Grund ist es für dich wichtig, dass du dir diese bedingungslose Liebe selbst schenkst. Erst dann kannst du andere Menschen bedingungslos lieben und dich auch von anderen Menschen bedingungslos lieben lassen.

Selbstliebe äußert sich also unter anderem dadurch, dass du dir Zeit für dich nimmst und diese genießt. Die Schuldgefühle haben inzwischen die fristlose Kündigung erhalten, der Satz „Ich hab' doch eh keine Zeit" hat die Räumungsklage im Briefkasten und die Erinnerungen und Erfahrungen aus der Kindheit werden nach und nach aufgearbeitet.

Selbstliebe heißt, dass du dich um dich selbst und um dein Wohlbefinden kümmerst, deine persönlichen Grenzen kennst – diese klar kommunizierst und aufzeigst, dich nicht für andere Menschen aufgibst und aufopferst und weißt, was du willst oder nicht willst.

Du bist Mama, aber du bist auch dein eigener Mensch. Du hast Wünsche und Bedürfnisse. Die Selbstliebe hilft dir dabei, diese Wünsche und Bedürfnisse zu sehen und nicht aus den Augen zu verlieren. Sie hilft dir dabei, dir selbst treu zu bleiben und dich nicht zu verlieren. Die Selbstliebe stellt den Schlüssel für ein glückliches Leben als Mama dar, weshalb es umso wichtiger ist, dass du dein Boot nun endlich in diese Richtung lenkst. Du hast es verdient! Du bist es wert!

Um noch besser verstehen zu können, was Selbstliebe überhaupt ist und was sie genau ausmacht, ist es sinnvoll einen Blick darauf zu werfen, was Selbstliebe nicht ist bzw. wie sich Menschen verhalten, die sich nicht lieben und somit auch nicht achten und nicht akzeptieren. Denn leider trifft das auf viele Menschen zu. Mehr Menschen als du vielleicht im ersten Moment vermutest haben mit mangelnder Selbstliebe und somit mit vielen Zweifeln und Unsicherheiten zu kämpfen, die ihnen das Leben schwermachen und als sogenannte Spaßbremse oder Partysprenger fungieren. Sobald sich auch nur ein Funken Selbstfürsorge anbahnt, greifen die Schuldgefühle und

Selbstzweifel, sowie negativen Glaubenssätze ein, weil die Selbstliebe nicht als Türsteher vor der Tür steht.

Natürlich muss in diesem Zusammenhang gesagt werden, dass sich die mangelnde Selbstliebe von Mensch zu Mensch anders gestaltet und dass jeder Mensch somit mit anderen Problemen zu kämpfen hat, die Hand in Hand mit der mangelnden Selbstliebe gehen. Doch einige der bekanntesten Anzeichen mangelnder Selbstliebe sind unter anderem die Folgenden:

- Du sagst dir immer wieder, dass du nicht gut genug bist und dass du Liebe, Erfolg oder andere positive Dinge und Gefühle eh nicht verdient hast.
- Du lässt dich schnell runterziehen und bist dir eigentlich gar nicht bewusst darüber, dass es dein Unterbewusstsein ist, das dich runterzieht.
- Wenn du etwas tust oder bevor du etwas tust, vergleichst du dich stets mit anderen Menschen. Natürlich schneidest du in diesem Vergleich immer schlechter ab. Du kannst ja schließlich nicht gut sein und hast es auch nicht verdient.
- Wenn du auf Kritik triffst, nimmst du diese direkt persönlich. Auch Wochen später nimmst du dir Kommentare und Aussagen zu Herzen und definierst dich über sie. Dein Selbstbild basiert auf dem Fremdbild der Menschen, die dich negativ beurteilen.
- Du bist mit deinem Aussehen und auch mit deinem Verhalten unzufrieden.

- Es gehört nahezu schon zu deiner täglichen Routine dazu, dass du dich selbst klein machst und immer wieder runterziehst.
- Es fällt dir sehr schwer, Verantwortung zu übernehmen, weshalb du auch bestens in der Opferrolle aufgehst. Ganz egal, was in deinem Leben passiert – es gibt immer einen Schuldigen, dem du die Schuld in die Schuhe schieben und somit die Verantwortung übertragen kannst.
- Dich abzugrenzen, gelingt dir nicht oder nur sehr schwer.
- Du fühlst dich nur gut, wenn dich andere gut finden.
- Dir fällt es verdammt schwer, Komplimente anzunehmen und denkst, dass die Menschen dir diese Komplimente nur machen, damit du dich besser fühlst. Du kannst dir also gar nicht vorstellen, dass Menschen diese Komplimente ernst meinen könnten.
- Wenn du dich selbst nicht oder zu wenig liebst, fällt es dir schwer, für dich und vor allem für deine Meinung einzustehen. Aus diesem Grund meidest du auch den Konflikt. Du willst nicht in die Verlegenheit kommen müssen, mit anderen Menschen zu diskutieren. Also stimmst du lieber Meinungen zu, die nicht deiner persönlichen Sichtweise entsprechen und tust so, als ob alles in Ordnung sei.

- Sollte es einmal dazu kommen, dass du einen Erfolg hast, ist das natürlich das bekannte Anfängerglück oder einfach nur ein großer Zufall. Es fällt dir unheimlich schwer, dir einzugestehen, wenn du hart gearbeitet hast und zu akzeptieren, dass dein Erfolg ganz allein dir zu verdanken ist.

Die Sache mit der Selbstliebe und der Selbstverliebtheit

In Bezug auf die Frage danach, was es mit der Selbstliebe überhaupt auf sich hat, gibt es eine ganz wichtige Sache zu erwähnen. Weiter oben wurde bereits darauf eingegangen, dass viele Mütter Hemmungen davor haben, sich Zeit für sich selbst zu nehmen und sich um sich selbst zu kümmern, weil sie Angst davor haben, vor anderen Menschen als Egoist dazustehen.

Genau dasselbe Phänomen stellt sich auch ein, wenn es darum geht, sich selbst mehr zu lieben und sich die bedingungslose Selbstliebe zu schenken. Vielen Menschen fällt es schwer, sich auf die Reise der Selbstliebe zu begeben, weil sie einen ganz entsprechenden Fehler machen.

Dieser Fehler besteht darin, dass sie das Wort Selbstliebe mit dem vollkommenen Gegenteil „Selbstverliebtheit", die mit dem Begriff der Selbstliebe absolut nichts zu tun hat, verwechseln.

Menschen haben Angst davor, selbstverliebt zu wirken und meiden aus diesem Grund die Liebe zu sich selbst. Sie gönnen sich nichts, stehen nicht zu sich und freuen sich nicht über ihre Erfolge, weil sie Angst haben, in den Augen der anderen Menschen selbstverliebt zu wirken.

Diese vollkommen falsche Definition der Selbstliebe hemmt Menschen bei ihrer Reise, die sie zu der bedingungslosen Liebe zu sich selbst führt.

An dieser Stelle ist es jedoch unglaublich wichtig zu erwähnen, dass die Selbstliebe absolut nichts mit der Selbstverliebtheit zu tun hat. Wie gesagt handelt es sich bei der Selbstliebe vielmehr um das vollkommene Gegenteil zur Selbstverliebtheit!

Denn wenn Menschen selbstverliebt sind, sind sie:

- egoistisch
- haben ein sehr großes (wenn nicht sogar maßlos übertriebenes) Geltungsbedürfnis
- sehr rücksichtslos in ihrem Auftreten

Was dazu führt, dass diese Selbstverliebtheit mit einer sehr großen Ichbezogenheit einhergeht und in manchen Fällen auch Hand in Hand mit dem Narzissmus geht. Das heißt, dass selbstverliebte Menschen sich auf Kosten anderer groß machen und sich immer über die anderen Menschen stellen.

Bei der Selbstliebe ist das vollkommen anders. Denn, wer sich selbst liebt, ist mit sich selbst im Reinen, kennt seinen unendlich großen Wert und muss sich nicht mit anderen Menschen messen, um sich so selbst immer wieder die Bestätigung zu geben, besser, toller und erfolgreicher zu sein.

Wer sich selbst liebt, ist sich darüber bewusst, über Stärken und Schwächen zu verfügen und nimmt diese vollkommen an. Wer sich selbst liebt, braucht weder die Meinung noch die Zustimmung anderer Menschen.

Somit ist Selbstliebe auf keinen Fall dasselbe wie Selbstverliebtheit. Für viele Menschen ist es wichtig, sich diese Tatsache noch einmal vor Augen zu führen, um so den Weg freizumachen und für die Reise zur Selbstliebe vorzubereiten.

Wo stehe ich?

Damit du die Reise zu mehr Selbstliebe antreten kannst, ist es wichtig, dass du dir erst einmal darüber bewusstwirst, an welcher Stelle du stehst. Denn an der eigenen Selbstliebe arbeiten zu wollen, heißt nicht, gar keine Selbstliebe zu besitzen. Wie es bei so vielen Dingen im Leben der Fall ist, ist es auch bei der Selbstliebe so, dass es nicht nur ein „Entweder“ und ein „Oder“ gibt – entweder du liebst dich oder du liebst dich nicht.

Es gibt viele unterschiedliche Stufen, auf denen sich Menschen befinden können. Einige Menschen lieben sich bereits mehr, einige noch etwas weniger und alle haben es verdient, sich bedingungslos zu lieben.

Hast du dir je die Frage gestellt, wie es mit dir und deiner Selbstliebe aussieht? Kannst du einschätzen, wie sehr du dich selbst liebst und in welchen Bereichen du dich sehr einschränkst und die bedingungslose Liebe zu dir selbst nicht zulässt?

Es ist wichtig, zu wissen, wo du stehst, um für dich besser verstehen zu können, wie du am besten vorgehst, um die Selbstliebe immer mehr in dein Leben einzuladen.

Was siehst du, wenn du in den Spiegel siehst? Was fällt dir als erstes auf? Sind es dein Lächeln, deine schönen Augen und dein stolzes Strahlen, das du auf deinem Gesicht trägst, seit du Mama bist? Oder flüstert dir die böse Stimme in deinem Ohr mal wieder zu, auf deine augenscheinlichen Makel zu achten und all das, was dir an dir selbst nicht gefällt, zu nennen?

Weißt du, was du willst? Hast du klare Ziele und Ideen vor deinem Auge oder kannst du keinen klaren Gedanken finden, weil du eigentlich gar nicht sicher darüber bist, was du in deinem Leben möchtest?

Eine weitere wichtige Frage, die du dir stellen solltest, ist die Frage, ob du glücklich bist. Wie fühlst du dich? Kannst du von dir selbst behaupten, ein schönes und erfülltes Leben zu leben?

Diese gerade genannten und genauer dargestellten Grundfragen helfen dir bereits dabei, dir einen Überblick über deinen Status Quo zu verschaffen und für dich selbst zu definieren, ob du dich selbst liebst oder nicht.

Um jedoch einen wirklichen Standpunkt zu erhalten, kannst du dir auch weitere Fragen stellen. Nimm dir für die Beantwortung der Fragen Zeit und hetze dich nicht. Es rennt dir niemand hinterher. Du musst dich nicht beeilen und vor allem sollest du nicht schummeln. Wir sitzen nicht in der Schule (oder vielleicht doch? In der Schule des Lebens vielleicht?) und es geht nicht darum, die eine richtige Antwort zu finden. Im Grunde genommen sind alle Antworten richtig – basierend auf der Person, die die Fragen für sich beantwortet, ist eine andere Antwort richtig. Mache dir nichts vor, sondern sei gnadenlos ehrlich zu dir selbst. Erst dann kannst du dich selbst besser kennenlernen und dafür sorgen, dass in Zukunft mehr Selbstliebe in dein Leben zieht.

Schaffe dir nun also einen Moment der Ruhe (auch, wenn es dir schwerfällt und Schuldgefühle versuchen, dir den Moment zu vermiesen und dich von der Beantwortung der Fragen abzuhalten – weil sie dann früher oder später von Dannen ziehen müssen, sobald die Selbstliebe einzieht) und stelle dir die folgenden Fragen:

- Behandelst du dich, wie du deine beste Freundin oder deinen besten Freund behandeln würdest? Oder machst du dich immer wieder runter und hackst auf allen möglichen Dingen herum, um dich noch kleiner zu machen, anstatt dich wieder aufzubauen?
- Bist du dir bewusst darüber, Schwächen zu haben? Fällt es dir leicht, diese Schwächen zu akzeptieren oder nimmst du sie immer wieder als Anlass, um dich selbst zu beleidigen und dich kleinzumachen?
- Kannst du dir für „Fehler" verzeihen oder bist du dir selbst gegenüber auch noch monatelang nachtragend, während du denselben Fehler einem Freund direkt verziehen (oder ihn gar nicht erst als Fehler angesehen) hättest?
- Bringst du dir und deinem Verhalten Verständnis gegenüber oder kannst du es kaum erwarten, dir

selbst ironisch auf die Schulter zu klopfen und den Satz „Hast du mal wieder toll hinbekommen“ an die Stirn zu schleudern?

- Gönnst du dir ab und zu etwas? Gibst du Geld für dich aus und nimmst dir Zeit für dich oder geht das nicht, weil *hier bitte eine Ausrede aus deinem Repertoire der Ausreden einfügen*?
- Gehst du davon aus, in einer Situation das gemacht zu haben, was in deiner Macht stand und somit dein Bestes gegeben zu haben oder denkst du immer, dass du hättest besser sein müssen?
- Fühlst du dich dafür verantwortlich, was deine Mitmenschen denken und fühlen? Oder bist du dir darüber bewusst, dass jeder Mensch seine eigenen Baustellen hat und du nicht Bauleiter auf deiner Baustelle sein und zur selben Zeit Bauleiter auf der Baustelle anderer Menschen spielen kannst?
- Vergleichst du dich mit anderen Menschen?
- Lässt du dich von den Meinungen anderer Menschen beeinflussen und vielleicht auch von Dingen abbringen oder weißt du, wie du diese Meinungen einzuordnen hast und gehst trotzdem deinen Weg?
- Fällt es dir leicht, deine Gefühle zu zeigen oder verschließt du dich lieber und zeigst deine Gefühle nicht vor deinen Mitmenschen?
- Denkst du, dass du der Welt etwas Wertvolles bietest oder denkst du, dass du ohnehin nur ein kleiner unwichtiger Punkt bist, den man nicht

sehen kann und der somit auch nicht viel bewirken kann?

Während du diese Fragen für dich beantwortest, wirst du bereits feststellen, wie sehr du dich selbst liebst. Sei, wie gesagt, wirklich ehrlich zu dir selbst und finde somit heraus, an welchem Punkt du stehst, um anschließend an dir und deiner Liebe zu dir selbst arbeiten zu können.

Wie wichtig ist Selbstliebe?

Bevor du nun ein paar einfache Tricks und Orientierungshilfen mit auf den Weg bekommst, um dir mehr Selbstliebe in deinen Alltag, dein Dasein als Mama und allgemein in dein Leben zu holen, ist es wichtig, zu wissen, warum Selbstliebe im Leben eines Menschen eine so große Rolle spielt.

Hier erfährst du nicht nur alles bezüglich der Wichtigkeit der Selbstliebe in deiner Rolle als Mama, sondern auch die vielen positiven Aspekte, die allgemein mit der Selbstliebe einhergehen. Denn die Selbstliebe spielt nicht nur für Mütter, sondern für alle Menschen eine wichtige Rolle. Und wie du nun schon mehrfach bestätigt bekommen hast, bist du nicht nur Mama, sondern du bist in allererster Linie ein Mensch mit Wünschen und Bedürfnissen.

Dir selbst mit Selbstliebe zu begegnen, ist nun aus den folgenden Gründen wichtig:

Du bist unabhängig von Meinungen und Bewertungen anderer Menschen

Wer sich selbst liebt, ist sein eigener größter Fan. Natürlich ist es schön, wenn du in deinem Leben Menschen hast, die dich anfeuern und mit dir gemeinsam jubeln, doch in allererster Linie ist es wichtig, dass du selbst an dich glaubst, dich selbst anfeuerst und dir selbst zujubelst. Wenn du dich selbst liebst, machst du dich frei von anderen Menschen. Das heißt nicht, dass du zum einsamen Wolf wirst. Beziehungen zu anderen Menschen sind wunderschön, doch es ist wichtig, dass du auch weißt, allein bestehen zu können. Vor allem, weil du dich, wenn du dich selbst liebst, nur mit Menschen umgibst, mit denen du dich wirklich umgeben möchtest und nicht mit Menschen, vor denen du dich verstellen musst, die dich ausnutzen und deine Grenzen nicht akzeptieren und respektieren.

Deine ganze Ausstrahlung ändert sich

Hast du schon einmal etwas davon gehört, dass Negativität Negativität und Positivität Positivität anzieht? Wenn du dich selbst liebst, bekommst du eine allgemein sehr viel positivere Einstellung, die du anschließend auch nach außen trägst. Du strahlst nicht nur positive Energie, sondern auch Authentizität aus und ziehst somit genau die richtigen Menschen an, die du in deinem Leben haben möchtest.

Dein Umgang mit anderen Menschen wird besser

Ein weiterer wichtiger positiver Aspekt, der mit der Selbstliebe einhergeht, ist die Tatsache, dass sich dein Umgang mit anderen Menschen (und somit unter anderem auch mit deinen Kindern) ändert. Denn, wenn sich Menschen nicht selbst lieben oder sich selbst nicht ausreichend Liebe schenken, reagieren sie auf viele Situationen oft mit Wut und Frust. Oftmals wissen Menschen auch nicht, wie sie mit diesen Gefühlen umgehen sollen, was am Ende dazu führt, dass sie auch entsprechend mit den Menschen in ihrem direkten Umfeld umgehen. Wer hingegen zufrieden und mit sich selbst im Reinen ist und zu derselben Zeit weiß, wie mit den eigenen Gefühlen umgegangen werden muss, ist deutlich offener und positiver mit den Mitmenschen.

Du bist erfolgreicher

Menschen, die sich selbst lieben, mögen allesamt unterschiedliche Strategien haben, die sie zum Erfolg gebracht haben. Doch eine Sache, was die meisten erfolgreichen Menschen miteinander verbindet, ist die Tatsache, dass sie sich selbst lieben. Denn wer sich selbst liebt, macht sich nicht klein, wenn Fehler passieren oder ein Hindernis auf dem Weg zum Erfolg liegen sollte.

Sätze, wie „War klar, dass ich wieder mal einen Fehler mache. Am besten lasse ich es einfach!“ oder „Dieses Hindernis kann ich unmöglich bewältigen!“ kommen bei Menschen, die sich selbst lieben, in diesem Fall nicht vor, sondern sie stehen auf, sehen den Fehler als Lernoption und die Hindernisse als Möglichkeit, um noch mehr über sich hinauszuwachsen. Sie haben Vertrauen in sich selbst und geben nicht auf. Das führt früher oder später zu dem Erfolg, von dem so viele Menschen träumen.

Du hast mehr Selbstvertrauen und eine deutlich größere innere Stärke

Der Begriff der Selbstliebe ist weiter oben bereits im Zusammenhang mit weiteren Begriffen, wie unter anderem dem Selbstvertrauen und auch dem Selbstbewusstsein sowie dem Selbstwertgefühl gefallen. Das liegt an der Tatsache, dass die Selbstliebe Hand in Hand mit diesen Begriffen geht. Wenn du dich selbst liebst, erkennst du zu derselben Zeit den unendlich großen Wert, den du hast. Wenn du dich selbst liebst, fällt es dir sehr viel leichter zu verstehen, was du willst und was du fühlst, was dir ein sehr viel größeres Bewusstsein und auch Vertrauen in Bezug auf dich selbst gibt.

Bei der Selbstliebe handelt es sich also, wenn du so willst, um den ersten Dominostein, den du umstößt und der somit eine Reihe weiterer wichtiger Aspekte mit sich bringt. Hast du einmal den ersten Schritt gemacht, um dir mehr Selbstliebe in dein Leben zu holen, wirst du merken, dass sich nach und nach auch die anderen Aspekte in deinem Leben etablieren werden.

Deine Selbstliebe und der Einfluss auf deine Kinder

Zu den vielen positiven Aspekten, die mit der Selbstliebe einhergehen, gehört auch die Tatsache, dass du deinen Kindern die besten Grundlagen für ein glückliches, selbstbestimmtes und erfolgreiches Leben mit auf den Weg gibst, wenn du dich selbst liebst und ihnen vorlebst, was bedingungslose Selbstliebe ist. Für deine Kinder ist es wichtig, von dir die bedingungslose Liebe zu erhalten und zu derselben Zeit von dir vorgelebt zu bekommen, was es heißt, sich selbst bedingungslos zu lieben.

Nur, wenn du dich selbst liebst, kannst du deinem Kind zeigen, was bedingungslose Selbstliebe ist und wie sie aussieht. Was möchtest du deinem Kind vorleben und was möchtest du ihm mit auf den Weg geben?

Lasse diese Frage für einen Moment sacken und sieh dir die folgenden (vielleicht etwas extremen, dafür aber verdeutlichenden und klaren) Beispiele an, um zu verstehen, was mangelnde Selbstliebe bei deinem Kind anrichten könnte:

- Du zweifelst ständig an dir selbst und traust dir nichts zu. Dein Kind macht dir das nach und stellt auch sich selbst und all seine Gedanken in Frage. Es wird unsicher und entwickelt kein Selbstvertrauen und Selbstbewusstsein.

- Du meckerst immer wieder an dir selbst, deiner Figur und deinem Aussehen. Vielleicht isst du am Familientisch nicht mit oder erwähnst immer wieder, dass du Gewicht verlieren musst. Das könnte sich sehr negativ auf dein Kind auswirken. Möglicherweise fängt es auch an, an sich selbst zu meckern und hungert, weil es Mama nachahmen möchte.

Gehe liebevoll und vor allem mit Respekt mit dir um und lebe deinen Kindern Selbstliebe vor, um ihnen somit die wichtigsten Grundlagen mit auf den Weg zu geben, die sie brauchen, um sich selbst zu lieben.

Wie kann ich Selbstliebe lernen?

Jetzt geht es ans Eingemachte. Schluss mit der Theorie und all den Dingen, die du rund um das Dasein als Mama und die Selbstliebe wissen musst. An dieser Stelle geht es nun darum, die Selbstliebe aktiv in dein Leben zu holen und sie als festen Bestandteil in deinen Alltag zu integrieren. Entferne dich von den Selbstzweifeln, den negativen Gedanken und den Schuldgefühlen und mache Platz für Selbstliebe, Positivität und ein rundum glückliches und erfülltes Leben.

Möchtest du dir selbst das große Geschenk der Selbstliebe machen und dir erlauben, dieses wundervolle und wahrscheinlich schönste Gefühl zu spüren, wenn du an dich denkst und deinem Spiegelbild in die Augen siehst? Dann sei gnädig und geduldig mit dir. Allein die Tatsache, dass du geduldig und gnädig mit dir selbst bist, zeugt davon, dass du bereit dazu bist, die Reise der Selbstliebe anzutreten. Lerne, mit der richtigen Einstellung an diesen Lernprozess heranzugehen und dir Selbstliebe zu erlauben. Dazu gehört auch, dass du dir Fehler und Rückschläge erlaubst. Du hast viel Zeit deines Lebens damit verbracht, dich nicht genug zu lieben, sodass die negativen Gedanken und Selbstzweifel sowie Schuldgefühle fest in deinem Unterbewusstsein verankert sind und nicht von heute auf morgen aus ihm ausziehen werden.

Bleibe am Ball und gib nicht auf, wenn du dich dabei erwischst, den Schuldgefühlen nachzugeben – Shit happens! Das nächste Mal klappt es. Gib dir Zeit und erlaube es dir, dich voll und ganz auf die Selbstliebe und den ganzen Prozess, der mit dem Erlernen der Selbstliebe einhergeht, wertzuschätzen, zuzulassen und als Geschenk zu sehen. Mit dieser wichtigen Grundeinstellung wird es dir einfacher fallen, die Selbstliebe in dein Leben zu holen und sie mit den folgenden Tipps und Tricks zu trainieren:

Stelle dir ein paar Fragen

Fragen haben eine sehr große Macht und können dich dazu veranlassen, dich intensiver mit dir und deinem Leben auseinanderzusetzen. Aus diesem Grund besteht der erste Tipp darin, dir schlicht und ergreifend ein paar Fragen zu stellen.

Diese Fragen regen dich zum Nachdenken und Reflektieren an und helfen dir somit dabei, herauszufinden, ob du dich selbst liebst und was du tun musst, um der bedingungslosen Liebe zu dir selbst immer näherzukommen:

- Wonach sehnst du dich?
- Was kannst du in diesem Moment tun, damit du dich noch besser fühlst?
- Welche Dinge magst du an dir besonders gerne?
- Was würdest du machen, wenn du wüsstest, dass du nie scheiterst und dein Ziel garantiert erreichst?

Nutze Affirmationen

Es war bereits die Rede von den negativen Glaubenssätzen, die sich fest in deinem Unterbewusstsein und deinem Denk- sowie Verhaltensmuster integriert haben. Bei diesen negativen Glaubenssätzen handelt es sich, im Grunde genommen, um nichts Weiteres als um negative Affirmationen. Was für eine große Macht Affirmationen haben können, hast du inzwischen selbst festgestellt. Schließlich lebst du Tag für Tag mit ihnen.

Um dir nun mehr Selbstliebe in dein Leben zu holen, drehst du den Spieß einfach einmal um und nutzt positive Affirmationen. Das Licht der positiven Affirmationen wird den Nebel und die grauen Wolken, die die negativen Glaubenssätze in dein Unterbewusstsein gezogen haben, nach und nach vertreiben und sich bald als neue Glaubenssätze etablieren.

Auch, wenn es dir am Anfang so vorkommt, als ob du dich selbst belügst, ist es wichtig, dass du dir diese Affirmationen immer wieder sagst – am besten mehrmals täglich. Du wirst nach und nach anfangen, wirklich an diese Affirmationen zu glauben und fest hinter ihnen zu stehen. Bald schon wird sich deine ganze Einstellung, gemeinsam mit deiner

Sichtweise und deinem Verhalten ändern, sodass du immer mehr Selbstliebe in deinem Leben spüren wirst.

Du kannst deiner Kreativität bezüglich der Affirmationen dabei freien Lauf lassen und dich am besten an den negativen Glaubenssätzen orientieren, die in deinem Unterbewusstsein herrschen. Nutze diese negativen Glaubenssätze und wandle sie einfach in eine positive Affirmation um. So wird aus „Ich bin zu dick, zu dünn, zu groß, zu klein, etc." – „Ich bin genau richtig, wie ich bin!"

Nimm den negativen Glaubenssätzen ihre Macht über dich und schlage sie mit ihren eigenen Waffen. Weitere positive Affirmationen, mit welchen du dein Unterbewusstsein füllen kannst, sind unter anderem die Folgenden:

- Ich bin einzigartig und wunderschön.
- Ich verdiene bedingungslose Liebe.
- Ich werde geliebt.
- In mir steckt ein unendlich großes Potenzial.
- Ich schaffe alles, was ich mir vornehme.
- Ich bin perfekt wie ich bin.
- Ich gebe mein Bestes.
- Ich bin unendlich wertvoll.
- Ich verdiene Respekt und das Einhalten meiner Grenzen.
- Ich darf Fehler machen.
- Ich weiß, was ich will und was ich nicht will.
- etc.

Halte den Selbstzweifeln und Selbstvorwürfen das Stoppschild vor die Nase

Wie schon gesagt, kommt es vor allem zum Anfang deiner Reise vor, dass sich die Selbstzweifel und auch die Selbstvorwürfe sowie die kleine gemeine Stimme in deinem Kopf zu Wort melden, weshalb es in diesem Fall wichtig ist, dass du direkt die Notbremse ziehst.

Sobald du dir darüber bewusstwirst, dass die gemeine Stimme mal wieder Selbstzweifel in deinen Kopf pflanzen möchte, stellst du dir vor deinem inneren Auge ein Stoppschild vor, mit welchem du diese Gedanken stoppst.

Halte ihr den Mund zu und lasse sie nicht weiterfahren. Ändere dann die Stimme und schließe den negativen Anfang positiv ab.

Sei dir selbst deine beste Freundin

Behandle dich selbst so, wie du deine beste Freundin behandeln würdest. Wie verhältst du dich, wenn deine beste Freundin einen Fehler gemacht hat? Was sagst du ihr, wenn sie nur ihre schlechten Seiten und ihre Makel sieht? Bist du dann genauso doof zu ihr, wie du es zu dir bist? Gibst du ihr den Rest und trittst sie noch ein Stück tiefer in den Boden und hilfst ihr dabei, von der Klippe der Selbstzweifel zu springen oder munterst du sie auf und steckst sie mit deiner positiven Sichtweise an?

Mache genau dasselbe mit dir. Sei dir selbst deine beste Freundin und mache dich nicht klein. Sei für dich da. Sei verständnisvoll und sei liebevoll. Du bist der Mensch, der

24 Stunden am Tag, 7 Tage die Woche und 365 Tage im Jahr mit dir lebt – und das dein ganzes Leben lang. Baue eine schöne und liebevolle Beziehung zu dir selbst auf.

Halte deine Erfolge fest

Führe dir immer wieder vor Augen, wenn du einen Erfolg erzielt hast. Warte nicht auf einen Riesenerfolg, sondern feiere auch Meilensteine. Feiere jeden noch so kleinen Erfolg und sei stolz auf dich. Führe dir immer wieder vor Augen, was du alles schaffen kannst.

Du warst heute müde, hattest Kopfweh, eine laufende Nase und wärst am liebsten liegengeblieben? Trotzdem hast du dich um deine Kinder gekümmert, deine Arbeit gemacht und kein einziges Mal geschrien – das ist, verdammt nochmal, ein Erfolg! Sei stolz darauf!

Sage dir selbst danke und führe ein Dankbarkeitstagebuch

Jeder Tag bringt viele Dinge mit sich, für die du dankbar sein kannst. Oftmals fällt uns das gar nicht auf, weil wir unter dem ganzen Stress und Druck den Blick für die kleinen Dinge verlieren und somit das Gefühl bekommen, dass der ganze Tag für den Eimer war.

Wenn du dir jedoch am Abend ein paar Minuten Zeit nimmst, um den Tag Revue passieren zu lassen, wirst du feststellen, dass es viele Dinge gibt, für die du dankbar sein kannst. Halte diese Dinge schriftlich in einem Dankbarkeitstagebuch fest und freue dich darüber, diese Dankbarkeit verspüren zu können. Sage zu dir selbst

„Danke". Du hast es verdient. Indem du das tust, holst du dir eine sehr viel positivere Einstellung in dein Leben und entwickelst nach und nach einen immer besseren Blick für die kleinen Dinge. – Die kleinen Dinge, die jedoch einen sehr großen Einfluss und eine ebenso große Wirkung mit sich bringen.

Es bietet sich übrigens auch in Bezug auf deine Erfolge an, ein Erfolgstagebuch zu führen –also die Erfolge, die du verzeichnet hast, in einem Tagebuch festzuhalten.

Nimm dir bewusst Pausen und gönne sie dir

Selbstliebe geht mit der Tatsache einher, dass du dich selbst kennst und somit auch weißt, wie du dein Verhalten und deine Stimmungslagen deuten kannst. Gehe öfter in dich und finde heraus, wann du Pausen brauchst. Nimm dir diese Pausen ganz bewusst, um so deine eigenen Bedürfnisse anzuerkennen und zu respektieren.

Dir selbst eine Pause zu gönnen, sollte kein seltener Luxus sein, sondern eine Selbstverständlichkeit darstellen, die mit der Tatsache einhergeht, dass du Rücksicht auf dich selbst nimmst und gut mit dir selbst umgehst.

Akzeptiere deine Fehler

Nimm dir das Motto „Errare humanum est" – Es ist menschlich Fehler zu machen – zu Herzen und übertrage es auf dein Leben. Jeder Mensch macht Fehler. Fehler stellen keinen Freifahrtschein dar, um dich selbst schlecht zu machen oder unangespitzt in den Boden zu stampfen.

Übe dich darin, deine Fehler anzunehmen und als Lernmöglichkeit zu sehen. Du hast einen Fehler gemacht? Das ist okay. Jeder Mensch macht Fehler. Du darfst Fehler machen. Fehler gehören zum Erfolg und zum Prozess dazu.

Nimm die Fehler an, mache dich nicht klein und mache dir klar, dass du nicht alles auf Anhieb wissen und können musst. In diesem Zusammenhang ist es im Übrigen auch wichtig, nicht nach Perfektion zu streben. Denn es ist nicht nur menschlich, Fehler zu machen, sondern es ist auch vollkommen normal, dass kein Mensch perfekt ist.

Neben all diesen hilfreichen Tipps, die du nutzen kannst, um Selbstliebe zu lernen und somit mehr Selbstliebe in dein Leben zu integrieren, ist es wichtig, dass du dir vor allem Zeit gibst. Die Selbstliebe wird sich nicht von heute auf morgen als selbstverständlicher Faktor in deinem Leben integrieren. Gib dir selbst Zeit, um deine alten negativen Denk- und Verhaltensmuster sowie Schuldgefühle und Selbstzweifel aus deinem Unterbewusstsein zu jagen und durch die Selbstliebe, positive Affirmationen, Selbstvertrauen, Selbstbewusstsein und Selbstwertgefühl zu ersetzen.

Nach und nach wirst du merken, dass es dir immer leichter fallen wird, sanft, verständnisvoll und voller Liebe mit dir umzugehen und die Selbstliebe somit immer mehr in dein Leben zu integrieren.

Balance zwischen dem „Mama sein" und der „Liebe zu Dir selbst" schaffen

Viele Menschen gehen davon aus, dass die Selbstliebe und das Dasein als Mama zwei Pole seien, die sich gegenüberstehen und sich somit nicht miteinander verbinden lassen.

Das ist so nicht richtig. Natürlich wird es Situationen geben, in denen du dich nicht zu 100 Prozent an die erste Stelle setzen kannst, weil eines deiner Kinder schlicht und ergreifend die Priorität hat. Doch das heißt nicht, dass Selbstliebe im Leben einer Mutter keinen Platz hat. Vor allem im Leben einer Mama ist es wichtig, dass sie die Liebe zu sich selbst nicht verliert, um sich selbst treu zu bleiben und den Kindern die bestmögliche Mutter sein zu können.

Aus diesem Grund ist es auf der einen Seite wichtig, dass du Selbstliebe in dein Leben integrierst und auf der anderen Seite ist es genauso wichtig, dass du die Balance zwischen dem Dasein als Mama und der Selbstliebe findest.

Denn es ist nun einmal so, dass du als Mama nicht nur die Verantwortung für dich selbst, sondern auch für deine Kinder trägst. Du trägst die Verantwortung für das

Wohlergehen deiner Kinder, sodass es durchaus vorkommen kann, dass du deine eigenen Bedürfnisse einmal hintenanstellen musst, weil die Bedürfnisse deiner Kinder an erste Stelle kommen. Die Selbstliebe hilft dir jedoch dabei, zu verstehen, dass auch deine Bedürfnisse wichtig sind und ihre Berechtigung haben und du dir später durchaus Zeit für dich selbst nehmen kannst, sobald du deinen Pflichten als Mama nachgegangen bist.

Es ist also vollkommen klar, dass du deinen Abend mit Freunden verschiebst, wenn dein Kind weinend und mit hohem Fieber im Bett liegt und mit Mama kuscheln möchte.

Es ist auch vollkommen klar, dass du deine „Me-Time" ein wenig nach hinten verschiebst, wenn dein Kind ein Problem hat und sich seinen Schmerz, seine Wut oder seinen Frust vom Herz reden möchte.

Doch eben genau dabei hilft dir die Selbstliebe. Wenn du dich selbst bedingungslos liebst, weißt du, wie wichtig es ist, über die eigenen Gefühle zu sprechen und kannst somit voll und ganz für dein Kind da sein, wenn es sich selbst und seine Gefühle gerade erst kennenlernt.

Positives Mama-Mindset

Um eine gute Balance zwischen der Selbstliebe und dem Dasein als Mama haben zu können, ist es wichtig, ein positives Mama-Mindset aufzubauen.

Das Mindset umfasst all die Gedanken und Glaubenssätze, die du in deinem Leben hast und die somit dein Unterbewusstsein füllen. Wie stark Gedanken sind und was für eine unendliche große Macht sie über dich haben, hast du bereits in den Kapiteln weiter oben erfahren. Gedanken und Affirmationen (sowohl negativer als auch positiver Natur) haben einen sehr großen Einfluss auf dich, weshalb es in deinem Interesse ist, dein Mama-Mindset mit ausschließlich positiven Affirmationen zu füllen.

Du hast weiter oben auch bereits erfahren, wie du negative Gedanken nutzen kannst, um aus ihnen positive Affirmationen zu machen. Das ist nicht nur in Bezug auf das Erlernen der Selbstliebe möglich, sondern kommt dir auch bezüglich des Erschaffens des Mama-Mindsets zu Gute.

Immer, wenn du merkst, dass sich ein negativer Glaubenssatz bemerkbar macht, lass ihn aussprechen, nimm ihn an und drehe ihn dann um. Schicke ihn nicht direkt weg und versuche auch nicht, ihn wegzuschieben. Dadurch wird er, wie du ebenfalls bereits weißt, nur stärker. Drehe den Spieß um und verwandle, nach dem oben bereits dargestellten Schema, jeden negativen Glaubenssatz in eine positive Affirmation.

Akzeptiere in diesem Zusammenhang auch, dass Mamas Menschen sind und somit Fehler machen. Mamas sind nicht unfehlbar, weshalb du den Maßstab für dich selbst nicht zu hoch ansetzen solltest.

Wie schon im Abschnitt, der darauf eingeht, wie du zu mehr Selbstliebe kommst, erwähnt wird, ist es wichtig, dass du auch in Bezug auf dein Dasein als Mama lernst, deine Fehler zu akzeptieren und dir diese zu vergeben. Akzeptiere, dass auch du Schwächen hast und sei nicht zu stolz, um nach Hilfe zu fragen, um bestimmte Dinge erledigen zu können.

Kümmere dich um dich selbst, schaffe dir Oasen der Ruhe und stelle somit sicher, dass du dich auch in dem anstrengenden und teilweise sehr vollen Alltag als Mama immer wieder erholen kannst.

- Ich darf mich erholen. Ich bin eine gute Mutter, auch wenn ich meine Freizeit allein genieße!
- Ich darf die freie Zeit ohne meine Kinder genießen.
- Ich darf mich auf meine freie Zeit freuen.
- Mein Kind darf auch ein ganz „einfach“ beschmiertes Pausenbrot haben.
- Mein Kind darf auch ungebügelte Sachen tragen.
- etc.

Was auch immer dich belasten sollte, wandelst du einfach in eine positive Affirmation um, die du dann in dein Mama-Mindset einfügst und somit nach und nach in deinem Unterbewusstsein ansiedelst.

Glückliche Mama, glückliche Kinder

Hast du schon einmal etwas von dem Spruch „Glückliche Mama, glückliche Kinder" gehört? Natürlich ist es wichtig, darauf zu achten, wie dieser Spruch ausgelegt wird und inwiefern er Anwendung findet. Denn natürlich haben auch Kinder Wünsche, Bedürfnisse und Ansichten, die ihre Berechtigung haben und somit auf keinen Fall übergangen werden dürfen.

Genau aus diesem Grund ist es für dich so wichtig, eine Balance zwischen dem Dasein als Mama und der Selbstliebe zu finden. Natürlich sind deine Kinder glücklich, wenn du glücklich bist. Allerdings nur unter der Voraussetzung, dass du auch auf deine Kinder und ihre Wünsche sowie Bedürfnisse achtest. Für viele Mamas ist das jedoch selbstverständlich und sie haben eher Schwierigkeiten damit, sich selbst die Aufmerksamkeit, Zuwendung und Liebe zu schenken, die sie brauchen und verdient haben.

Rufe dir immer wieder vor Augen, dass eine ausgeglichene Mama für die ganze Familie einen sehr großen Gewinn darstellt, weshalb es wichtig ist, dass du dich um dich selbst kümmerst und dir Zeit für dich selbst nimmst.

Denn eine ausgeglichene Mama ist deutlich entspannter und kann auch mit Konflikten unter den Kindern oder mit Wutanfällen und plötzlich auftretenden, sehr starken Emotionen besser umgehen, als dies der Fall ist, wenn sie unter Strom steht.

Wenn du auf dich selbst achtest und für dein Wohlbefinden sorgst, bist du allgemein sehr viel entspannter, was sich nicht nur auf dich und auf deine Beziehung zu deinen

Kindern auswirkt, sondern Vorteile für die gesamte Familie mit sich bringt. Eine Mama, die auf sich selbst achtet und sich selbst liebt, lebt Selbstliebe vor, schafft eine angenehme und entspannte Grundstimmung und trägt somit einen sehr großen und wichtigen Beitrag zur allgemeinen Harmonie in der Familie bei.

Achte also nicht nur auf das Glück deiner Kinder und definiere dich auf keinen Fall nur über ihr Glück und Wohlbefinden. Natürlich – das Wohlbefinden und das Glück deiner Kinder sollten auf deiner Prioritätenliste auf jeden Fall mitunter ganz oben stehen, aber du bist du. Dein Glück und dein Wohlbefinden sind genauso wichtig!

Mehr Selbstliebe für Mama

Du hast nun schon erfahren, wie du dir die Selbstliebe immer mehr in dein Leben holst. Zusätzlich zu den genannten Aspekten, sind hier noch ein paar weitere Tipps (und auch einige Tipps, die du weiter oben bereits erhalten hast nochmal zusammengefasst), die du ebenfalls mit in deinen Alltag integrieren kannst:

- Schreibe Glücks- und Erfolgstagebücher.
- Nimm dir gezielt Auszeit und vereinbare mit deinem Partner oder mit einer anderen Person, die sich in deiner „Me-Time“ um deine Kinder kümmert, feste Zeiten.
- Nutze positive Affirmationen.
- Mache dir kleine Geschenke und freue dich über sie.

- Behandle dich so wie du deine beste Freundin behandeln würdest.
- Finde jeden Tag mindestens 5 Dinge, die dir besonders gut gelungen sind und die du gut gemeistert hast.
- Stehe zu deiner Meinung und mache dich für sie und für dich stark.
- Vergleiche dich nicht mit anderen.
- Verzeihe dir und tritt nicht auf Fehlern herum.
- Mache dir selbst Komplimente!

Mama-taugliche Entspannungs- und Achtsamkeitsübungen

Hand in Hand mit der Selbstliebe gehen die Achtsamkeit und die Entspannung, die beide einen festen Platz in deinem Leben erhalten sollten. Denn: Um dich selbst lieben zu können, musst du wissen, wer du bist, was du magst und wo deine Wünsche und Bedürfnisse liegen. Dafür brauchst du die Achtsamkeit. Je achtsamer du mit dir selbst umgehst, umso besser lernst du dich kennen. Je besser du dich kennenlernst, umso mehr merkst du, wann du an deine Grenzen kommst und wann es mal wieder Zeit für Entspannung ist. Das trägt dazu bei, dass du dir gezielt Oasen der Ruhe schaffen und dich somit in dem Bezug auf die Selbstliebe üben kannst.

Damit du noch achtsamer mit dir umgehen und die Entspannung gezielt in deinen Alltag integrieren kannst, helfen dir ein paar einfache Tipps. Denn wenn du erst einmal den ersten Schritt gegangen bist, wirst du feststellen, wie leicht es dir fallen wird, achtsam mit dir umzugehen, die Entspannung zur Selbstverständlichkeit werden zu lassen und die Selbstliebe als führende Kraft in deinem Leben zu etablieren.

Soforthilfen, die einfach im Alltag umsetzbar sind

Wenn du merkst, dass dir alles zu viel wird, ist es wichtig, dass du direkt handelst. Um direkt handeln zu können, kannst du dich an einigen Soforthilfen orientieren, die du in deinen Alltag integrieren kannst:

- Kürze deine To-Do-Liste Frage dich dabei, welche Dinge wirklich notwendig sind und auf welche Dinge du auch gut verzichten kannst. Sprich im Anschluss daran mit deinem Partner und teilt euch die Aufgaben auf, die sich auf deiner To-Do-Liste befinden. Du musst nicht alles allein machen!
- Hole dir – sofern es die finanzielle Situation zulässt – eine Haushaltshilfe, die dir bei der Bewältigung des Haushaltes hilft und dich somit entlastet.
- Gib deine Kinder ab – zu Oma und Opa, zu Tante und Onkel oder zu Freunden. Natürlich ist es wichtig, dass du im Voraus sicherstellst, dass sich deine Kinder wohlfühlen. Im Anschluss daran wirst du jedoch feststellen, dass sich nicht nur die Erwachsenen, sondern auch die Kinder darüber freuen werden, Zeit mit anderen Bezugspersonen zu verbringen. Stresse dich dabei nicht damit, dass Oma und Opa die Kinder möglicherweise verwöhnen – dafür sind Großeltern da und das ist zudem einer der Gründe, warum Kinder so gerne bei ihren Großeltern sind.
- Geht öfter mal eine Pizza essen oder bestellt was zu essen, wenn du keine Lust auf Kochen hast.
- Halte für einen Moment inne und atme tief ein und wieder aus. So kannst du deinen Fokus wieder auf die wichtigen Dinge und auf die positiven Gedanken lenken, falls du in alte Muster verfallen solltest.

Einfache wohltuende Yoga- und Meditationsübungen

Um dir schnell und unkompliziert Oasen der Ruhe, Entspannung und vor allem der Achtsamkeit im Alltag schaffen zu können, kannst du gezielt meditieren und Yogaübungen durchführen. Natürlich handelt es sich bei der Meditation und auch beim Yoga um ein sehr breites Gebiet, das sehr viele Methoden und Übungen umfasst, weshalb du in diesem Kapitel lediglich eine Übersicht über einige Yoga- und Meditationsübungen bekommst, die du einfach und unkompliziert in deinen Alltag einbauen kannst.

Dass sowohl Yoga als auch Meditation im Umgang mit Stress helfen kann, haben inzwischen zahlreiche Studien nachgewiesen. Sie haben zudem bestätigt, dass diese Übungen in dem Bezug auf die Achtsamkeit und die Entspannung die folgenden positiven Effekte mit sich bringen:

- Bessere Resistenz gegenüber Stress.
- Deutlich bessere emotionale Stabilität.
- Positivere Grundeinstellung.
- Deutlich stärkeres Immunsystem.
- Ein beruhigter Geist.

Um die Meditations- und Yogaübungen durchführen zu können, ist es wichtig, dass du dir einen Moment der Ruhe suchst, um dich so wirklich gezielt auf das Durchführen dieser Übungen konzentrieren zu können. Lasse dich nicht ablenken und nimm dir ganz bewusst Zeit für dich. Du musst nicht zwingend eine Stunde meditieren oder eine Stunde Yoga machen. Es reichen bereits 10 Minuten am Tag aus, um dir zu mehr Entspannung und Achtsamkeit zu verhelfen.

Meditationsübungen für Zwischendurch

Wie schon gesagt, stehen dir aus dem Bereich der Mediation zahlreiche verschiedene Übungen zur Auswahl. Die beliebtesten und somit am einfachsten in den Alltag zu integrierenden Meditationsübungen sind die folgenden:

Einmal tief einatmen bitte!

1. Mache es dir gemütlich und schließe deine Augen.
2. Versuche, nun an nichts zu denken und atme ganz tief für vier Sekunden lang durch eine Nase ein.
3. Nun hältst du deinen Atem für vier Sekunden an.
4. Atme nun für vier Sekunden wieder aus und halte den Atem erneut vier Sekunden an, bevor du wieder für vier Sekunden einatmest.

Diese Übung ist sehr einfach und eignet sich bestens, um Stress abzubauen.

Ich spüre mich.

1. Lege dich am besten auf einen weichen Untergrund und mache es dir vollkommen bequem.

2. Nun schließt du am besten deine Augen und denkst an nichts Weiteres, als dich und an das Hier und Jetzt.

3. Nimm jetzt deinen ganzen Körper ganz bewusst wahr, indem du deinen Kopf spürst und merkst wie er schwer wird. Gehe dann über zu deinen Armen, deinem Oberkörper, deinem Bauch, deinen Beinen und deinen Füßen. Merke, wie jedes Körperteil nach und nach schwerer wird, sodass du in einen vollkommenen Zustand der Entspannung kommst.

Um die Mediationen noch besser durchführen zu können, kannst du dir nach Bedarf:

- Musik im Hintergrund anmachen.
- eine Kerze anzünden.
- ätherische Öle zum Vorteil machen und nicht nur von ihrem angenehmen Duft, sondern auch von den teilweise äußerst entspannenden Wirkungsweisen profitieren.

Yogaübungen für Zwischendurch

Es bietet sich an, die Mediation und die Yogaübungen miteinander zu verbinden, um so nicht nur den Geist, sondern auch den Körper gezielt zu entspannen.

Und wenn dich deine Kinder partout nicht allein lassen wollen, kannst du gleich mehrere Fliegen mit einer Klappe schlagen und einfach Yoga gemeinsam mit ihnen machen. Sehr viele Übungen aus dem Yoga lassen sich ganz einfach kindgerecht durchführen und sorgen somit dafür, dass du Zeit mit deinen Kindern verbringst, dich trotzdem entspannst und auch deinen Kindern die positiven Effekte des Yogas zugänglich machst.

Wie du vielleicht weißt, umfasst der Bereich des Yogas zahlreiche verschiedene Übungen. Eine Auswahl der besten Übungen, die vor allem gezielt gegen Stress vorgehen, sind unter anderem die Folgenden:

Die Kobra

1. Lege dich mit dem Rücken nach unten auf den Boden (oder besser auf eine Yogamatte).

2. Strecke deine Arme zur Seite aus und hebe deine Beine im rechten Winkel an.

3. Atme einmal tief ein und lasse deine Beine, während du ausatmest nach rechts senken, während du deinen Kopf zu derselben Zeit nach links drehst.

4. Mit dem nächsten Einatmen kommst du zurück in die Ausgangsposition, um deine Beine dann beim nächsten Ausatmen nach links zu senken und den Kopf nach rechts zu drehen.

Führe die Übung langsam durch und wiederhole sie einige Male. Freue dich mit dem Durchführen dieser Übung unter anderem auf die folgenden positiven Aspekte:

- Entspannung der Rumpfmuskulatur
- Anregung der Verdauung
- Entspannung

Die Brücke

1. Lege dich mit dem Rücken auf den Boden und stelle deine Füße hüftbreit voneinander auf.
2. Lege deine Hände ganz entspannt neben deinen Körper und schließe deine Augen.
3. Wenn du einatmest, hebst du nun dein Becken an und drückst deine Fußsohlen, so fest du kannst, in den Boden. Ziel ist es, das Becken so sehr zu heben, dass deine Unter- und Oberschenkel einen rechten Winkel bilden.
4. Ziehe die Arme hinter deinen Kopf und verharre für einen Moment in dieser Position.
5. Während du ausatmest, kommst du langsam zurück in deine Ausgangsposition. Lasse dich jedoch nicht einfach auf den Boden fallen, sondern sinke dich Wirbel für Wirbel ab.

Am besten hältst du die Brücke für circa 5 Atemzüge und wiederholst diese Übung zwischen 3 und 6 Mal. Freue dich unter anderem auf:

- Eine Kräftigung der Bein- und Pomuskeln.
- Eine Unterstützung deiner Schultern.
- Die Dehnung deines Brustkorbs.

Die schiefe Ebene

1. Setze dich gemütlich auf den Boden (oder auf eine Yogamatte) und entspanne dich.

2. Setze nun deine Hände mit der Fläche nach unten gerichtet und mit den Fingerspitzen in die Richtung der Füße zeigend auf den Boden auf.

3. Stelle auch deine Füße auf den Boden auf und hebe dich mit dem Einatmen ab. Stütze dich auf deine Füße und auf deine Hände und begib dich in die schiefe Ebene.

4. Strecke sowohl deine Beine als auch deine Arme vollkommen durch und schaue mit deinem Kopf in die Richtung der Decke. Natürlich kannst du die Augen dabei schließen.

5. Halte diese Position für circa 5 Atemzüge und setze dich dann ganz sanft wieder ab, bevor du die Übung erneut wiederholst.

Führst du diese einfach durchzuführende Übung durch, kommst du in den Genuss der folgenden Vorteile:

- Kräftigung des ganzen Körpers von Kopf bis Fuß.
- Harmonisierung des gesamten Körpers.

Bereits die ersten Male wirst du feststellen, dass du dich sehr viel besser und entspannter fühlst, wenn du die Yogaübungen abgeschlossen oder die Mediation beendet hast. Bleibe auf jeden Fall am Ball und schaffe dir diese Oasen der Ruhe und der Entspannung, um so nach und nach immer intensiver von den vielen Vorteilen dieser Entspannungsübungen profitieren zu können.

Weitere Tipps für deinen Alltag

Wie du weißt, fallen die oben genannten Yoga- und Meditationsübungen mit unter die Kategorie der Entspannungs- und Achtsamkeitsübungen. Doch neben diesen Yoga- und Meditationsübungen stehen dir auch weitere andere Übungen zur Verfügung, die du nutzen kannst, um dich zu entspannen und zu mehr Achtsamkeit im Alltag zu finden.

Unter anderem kannst du folgende Dinge machen:

- Lächeln, auch wenn dir nicht nach Lächeln zu Mute sein sollte. Denn allein die Bewegung, die deine Lippen durch das Lächeln machen, sorgt dafür, dass sich Glückshormone in deinem Gehirn bilden. Zudem entspannt das Lächeln und hebt deine gesamte Stimmung. Dass ist mitunter auch der Grund dafür, dass es Lachyoga gibt, das von vielen Menschen praktiziert wird.
- Halte dich nicht ab, wenn du tagträumst. Es ist gut, sich eine Oase der Ruhe durch das Tagträumen zu verschaffen. Durch die Tagträume kommst du in einen kurzen Moment der intensiven Entspannung.
- Multitasking mag zwar in der heutigen, schnelllebigen Gesellschaft sehr weit verbreitet sein und schon fast mit zum guten Ton gehören, doch viele Studien haben inzwischen bestätigt, dass Multitasking alles andere als positiv ist. Widme dich

deinen Tätigkeiten bewusst und konzentriere dich auf sie, ohne auf mehreren Hochzeiten gleichzeitig tanzen zu wollen.

- Singe – gib den Bade-Enten in der Dusche ein Konzert und singe dir Stress und aufgestaute Energie von der Seele. Singen hilft nicht nur dabei, Stress abzubauen, sondern vertieft auch deine Atmung und sorgt somit für eine sehr viel bessere Sauerstoffversorgung deines Körpers.

  Des Weiteren aktiviert das Singen dein Zwerchfell und sorgt somit für eine direkte Förderung der Entspannung.

- Schneide Grimassen für 20 Sekunden vor dem Spiegel. Mache die lustigsten Grimassen und freue dich darauf, deine Muskeln zu entspannen und dich selbst zum Lachen zu bringen.

- Schüttele dich! Schüttele deinen ganzen Körper – deine Arme, deine Beine, deinen Kopf und deine Füße. Schüttele deinen Körper, um dich so auch symbolisch von all den Dingen, die dich belasten, zu befreien. Es reichen bereits 90 Sekunden aus, um dir wieder neue Energie zu verleihen.

- Kontrolliere deine Atmung und atme gezielt ein und aus. In stressigen Situationen merken wir oft gar nicht, dass wir schnell atmen.

- Mache ein entspannendes Bad und zünde dir dabei deine Lieblingskerze an.

- Sieh dir deinen Lieblingsfilm oder deine Lieblingsserie an und iss deinen Lieblingssnack.

- Mache einfach mal dein Handy aus und sei nicht erreichbar. Alleine die Tatsache, immer erreichbar zu sein, sorgt bei vielen Menschen für viel Stress und Druck.
- Gehe zum Friseur und lasse dich dort einmal umfangreich verwöhnen.
- Mache einen ausgiebigen Spaziergang an der frischen Luft und genieße die Zeit in der Sonne. Lege dich vielleicht auf das Gras und schaue in den Himmel. Betrachte die Wolken und entdecke die vielen unterschiedlichen Formen, die die Wolken aufweisen.
- Schenke dir selbst Blumen.
- Führe ein Tagebuch und lasse somit den Tag Revue passieren.
- Iss ganz bewusst und ohne Druck. Kaue das Essen und schmecke jeden Geschmack. Spüre die Konsistenz des Essens und genieße es.
- Mache einfach für 5 Minuten lang gar nichts.
- Mache dir deine Lieblingsmusik an und tanze zu ihr durch die Wohnung.

Diese Übungen helfen dir nicht nur dabei, mehr Entspannung und Achtsamkeit in dein Leben zu holen, sondern auch dich in der Selbstliebe zu üben. Wenn es die Situation erlaubt, bietet sich diese Übung auch bestens an, um sie gemeinsam mit Kindern durchzuführen und die Zeit somit gemeinsam zu genießen und gemeinsam von den Vorteilen dieser Übung zu profitieren. Denn bereits für kleine Kinder spielt die Achtsamkeit eine wichtige

Rolle und stellt einen der Grundsteine für ein späteres selbstbestimmtes und achtsames Leben dar.

Suche dir am besten genau die Übungen aus, die dich am meisten ansprechen und die dir am besten bei deiner Entspannung, deiner Achtsamkeit und deiner Selbstliebe helfen und schaffe dir somit deine ganz eigenen Routinen und Oasen der Ruhe. Das Gute an all diesen Übungen ist die Tatsache, dass du sie nicht gezielt in deinen Alltag einplanen musst (aber natürlich darfst), sondern dass sie sich bestens dafür eignen, um einfach zwischendurch durchgeführt werden zu können.

Schlusswort

Der Alltag als Mama ist wirklich nicht leicht und setzt dich immer wieder vor neue Herausforderungen. Kein Tag ist wie der andere und du weißt nie, wann der nächste Wutanfall kommt oder was sich deine Kinder das nächste Mal ausdenken mögen, wenn ihnen langweilig ist. Da kann es durchaus vorkommen, dass du dich selbst an die letzte Stelle setzt und deine Wünsche und Bedürfnisse ignorierst.

Doch um deinen Kindern eine entspannte, gelassene und verständnisvolle Mutter sein zu können, ist es wichtig, dass du dich um dich selbst kümmerst und auf dein Wohlbefinden achtest.

Das kannst du nur, wenn du dir selbst immer wieder vor Augen führst, dass auch dein Wohlbefinden ungemein wichtig ist und dass du es wert bist, dir selbst unendlich viel Liebe zu schenken. Entdecke die Liebe zu dir selbst wieder und freue dich somit nicht nur darauf, dich mit dir selbst besser zu fühlen, sondern auch deinen Kindern ein sehr gutes Vorbild zu sein.

Sei nicht nur heute präsent und bewusst für deine Kinder da, sondern lege für sie auch den Grundstein der Liebe zu sich selbst. So gibst du ihnen die besten Voraussetzungen mit auf den Weg, die sie brauchen, um zu erfolgreichen, sich selbst liebenden, resilienten und folglich glücklichen Erwachsenen heranzuwachsen.

Die Selbstaufgabe bringt nie positive Seiten mit sich – weder für dich noch für die anderen.

Ja – das Dasein als Mama ist anstrengend.

Ja – das Dasein als Mama treibt dich an deine Grenzen. (Deswegen ist es auch so wichtig, dich selbst zu lieben und deine Grenzen zu kennen. So kannst du sicherstellen, dass du sie nicht selbst übergehst und anderen somit die Einladung gibst, sie auch zu überschreiten.)

Ja – das Dasein als Mama bringt viele Herausforderungen mit sich.

Aber:

Das Dasein als Mama ist wunderschön und gibt dir so vieles, was du woanders nicht bekommen könntest! Etwas Einzigartiges, Kostbares, etwas nahezu Magisches: Die bedingungslose Liebe deines Kindes. Das Dasein als Mama verlangt nicht von dir, 24 Stunden am Tag vollkommen präsent zu sein und dich selbst aufzugeben. Schmeiße den alten Mama-Mythos und die damit im Zusammenhang stehenden unrealistischen Anforderungen, die die Gesellschaft und Mütter selbst an Mütter stellen, von Bord, kündige den Selbstzweifeln und den Selbstvorwürfen den Mietvertrag, den sie sich über die Zeit erschlichen haben, und fahre immer mehr in die Richtung eines Lebens, in welchem du nicht nur deinen Kindern, sondern auch dir selbst bedingungslose Liebe schenkst.

Lebe deine Gefühle aus, lerne dich selbst ein Stück besser kennen, sei bewusster für deine Kinder da, lerne, im Moment zu leben und ihn zu genießen und freue dich auf deine „Me-Time“.

Rufe dir vor allem immer wieder vor Augen, dass du eine wundervolle Mama bist. Ganz egal, was dir deine Schuldgefühle und Selbstzweifel mal wieder einreden wollen – für deine Kinder bist du die absolut beste Mama, die sie sich nur wünschen können.

Versuche, dich einmal aus den Augen deiner Kinder zu sehen – denn in den Augen deiner Kinder bist du eine Superheldin, die sie bedingungslos lieben. Nimm dir ein Beispiel an ihnen und liebe auch du dich bedingungslos. Du hast es verdient. Du bist es wert. Du bist ein Rockstar, der an ein und demselben Tag das Bedürfnis danach hat, laut zu schreien, seine Gitarre auf der Bühne zu zerschlagen und damit dennoch die Menge zu begeistern. Du, Mama, bist ziemlich cool und rockst den Schlabberlook und den Messy-Bun auf deinem Kopf genauso wie das elegante Kleid und die neue Frisur nach deinem Besuch beim Friseur. Liebe dich selbst. Du hast es verdammt nochmal verdient. Du coole, einzigartige, liebenswürdige, wundervolle und wunderschöne Mama. Du bist ein Superheld – denn du machst den wahrscheinlich schwierigsten und wichtigsten Job der Welt und das mit Bravour – vergiss das niemals!

Rechtliches & Impressum

Selbstliebe für Mamas

1. Auflage 2022

Herausgeber: SMINGS OG, Tokiostraße 11/3/3, 1220 Wien
Autor: Hannah Jenssen
Cover: Rocío Martín Osuna

Für Fragen und Anregungen:
feedback.smings@gmail.com

Printed in Germany
by Amazon Distribution
GmbH, Leipzig

30396690R00077